AF607217

VIDA

MAGDA CÂRNECI

VIDA

Traducción de Ioana Gruia

VISOR LIBROS

VOLUMEN MCCXVII DE LA COLECCIÓN VISOR DE POESÍA

Esta obra ha sido publicada gracias a la ayuda concedida por el Instituto Cultural Rumano dentro del Programa de Subvenciones para la Traducción y Edición

Título original: *Viață*, 2016

Cubierta: Lyubov Popova

Edición al cuidado de Nicole Brezin

Isaac Peral, 18 - 28015 Madrid
www.visor-libros.com

ISBN: 978-84-9895-517-0
Depósito Legal: M-35833-2023

Impreso en España - Printed in Spain
Gráficas Muriel. C/ Investigación, n.º 9. P. I. Los Olivos - 28906 Getafe (Madrid)

VIAȚĂ

VIDA

I

I

UN FEL DE POETICĂ

Și dintre coapsele însîngerate
să iasă brusc o femeie înaltă, frumoasă,
gata să-și desfacă picioarele
ca să iasă o altă femeie, și mai desăvîrșită

Oh, nu e cu putință. Cuvîntul va trebui să aștepte,
să treacă prin nenumărate strîmtori și abrupte
deschideri
pînă ce se va curăța; va crește
încet, ascuns, dureros,
ca un cărbune orb și încins, undeva în infernul pămîntului,
visînd către imposibile astre, preschimbîndu-se penibil
în diamant

Ori, mai norocos,
închis într-o carcasă de grăsime, oase și carne,
ca într-un fierbinte coşciug,
să explodeze, numai cînd deja e foarte tîrziu,
ca un fluture viu colorat,
atras de o altfel de iluminare

Altfel nu e cu putință, suflete,
să trebuiască să te naști, să crești și să mori
de milioane de ori

A MODO DE POÉTICA

Y entre los muslos ensangrentados,
        que salga de repente una mujer alta, hermosa,
                a punto de abrir las piernas
para que salga otra mujer, aún más perfecta.

Oh, no puede ser. La palabra tendrá que esperar,
        pasar por numerosos estrechos y abruptas aperturas
hasta volverse limpia; crecerá
                despacio, a escondidas, con dolor,
igual que un carbón ciego, encendido, en algún lugar en
    el infierno de la tierra,
        soñando hacia los astros imposibles,
            transformándose con dificultad en diamante.

O, si tuviera suerte, la palabra,
        encerrada en una corteza de grasa, hueso y carne,
                como en un ataúd caliente,
podría estallar, solo muy tarde,
        como una mariposa de colores vivos
                    atraída por un fulgor distinto.

Alma, no puede ser de otra manera,
        hay que nacer, crecer y morir
                millones de veces

ca să ajungi
să vezi
cîndva
Realitatea.

para llegar
a *ver*
alguna vez
la Realidad.

POETESA

Nu voi fi marea poetesă a lumii

nici revoluții nu voi mai cînta, nici pe altare nu voi oficia
cu sînii goi nu voi mai înflăcăra baricade
cu virginitatea nu voi mîntui mărunte popoare;

tineri bărbați nu se vor mai sinucide pentru mine
nici sclavi străini nu vor mai fi aruncați în cușca cu fiare;
nu mi se vor închina ode, epopei și sonete
nu-mi va fi reprodus chipul în milioane de pînze, fotografii, timbre poștale;

nu mă voi mai naște dintr-o coastă de om sau din spumă de mare
nici umbra mea nu se va mai apleca tainic, mică Lilith,
din spatele unei obscure sfinte treimi;
nu mă voi mai regăsi în cărți cu imagini, în tomuri cu nume,
în reviste de modă, jurnale.

Am 40 de ani; am trecut de vîrsta fatală
am încasat cîte ceva de la oameni
și încă mi se pare ciudat că exist?

LA POETISA

No seré la gran poetisa del mundo,

no cantaré revoluciones, no oficiaré en los altares,
	no encenderé barricadas con los senos desnudos,
no salvaré pequeños pueblos con mi virginidad;

los jóvenes no se suicidarán por mí
	ni esclavos extranjeros serán echados a las jaulas;
no me dedicarán odas, epopeyas, sonetos
	ni mi rostro será reproducido en millones de cuadros,
		fotografías y sellos;

y ya no naceré de una costilla de hombre o de la espuma
del mar
	ni mi sombra se inclinará en secreto, pequeña Lilith,
por detrás de una oscura santísima trinidad;
	no estaré en libros ilustrados, grandes tomos,
		revistas de moda, periódicos.

He pasado los cuarenta años, la edad fatal,
	algunos me han herido
¿y aún me parece extraño que exista?

încă n-am privit cu adevărat realitatea în față?
încă nu m-am obișnuit cu sexul meu
cu uniforma de carne?

Îmi privesc trupul gol, cutia asta cu sîni și bulboane
din care de astăzi
nu voi mai vorbi decît despre mine
nu mai pot vorbi decît despre mine
nu mai știu vorbi decît despre mine
așa cum mă văd, reprodusă în milioane de cioburi asemenea
care curg continuu pe stradă
fără să-și mai amintească nimic.

O să învăț din nou să cos, să torc, să cîrpesc
să cresc copii, să spăl, să gătesc
să fac cum vor toți, să tac și să uit

că trebuia să diger existența pămîntului
să împac munți și văi, să căsătoresc insule și oceane
să îmbunez găuri negre și constelații
trebuia să unesc continentele între ele
să înnădesc Orientul cu Occidentul
să educ delfinii, stejarii, panterele, crinii
ca să ne ierte, să nu se mai teamă, să ne iubească
trebuia să prepar din iluzii, confuzie, haos
un drog nou, ușor, confortabil
să imaginez trecutul, să descriu viitorul

¿Y no he mirado aún la realidad de frente?
¿Y no me he acostumbrado aún a mi sexo,
a mi uniforme de carne?

Miro mi cuerpo desnudo, esta caja con pechos y bulbos
desde la que a partir de hoy
solo hablaré de mí,
ya solo puedo hablar de mí,
ya solo sé hablar de mí,
tal como me veo, reproducida en millones de cristales
rotos, idénticos,
que ruedan siempre por la calle
sin acordarse de nada.

Aprenderé de nuevo a coser, hilar, remendar,
criar niños, lavar y cocinar,
a hacer lo que todos quieren: callar y olvidar

que debía digerir la existencia del mundo,
conciliar montañas y valles, islas y océanos,
amansar agujeros negros y constelaciones,
debía hacer que se abracen continentes
y vincular Oriente y Occidente,
educar a los delfines, los robles, las panteras, los lirios,
para que nos perdonen y nos quieran y no tengan más
miedo,
debía preparar con ilusiones, confusión y caos
una nueva droga, ligera y confortante,
inventar el pasado, describir el futuro,

trebuia să țin minte tot ceea ce voi ați uitat,
ceea ce n-ați aflat niciodată
să refac în mine ceea ce în voi e rupt, e stricat
să scot dinozaurii și balenele din subsoluri, cotloane
să le proiectez pe bolta înstelată a meningelor noastre
încă arhaice

trebuia să concep și să nasc o formă a noastră
viitoare
mai bună.

Am să uit și eu tot. Am să vă las fără mine.

debía recordar lo que olvidasteis,
        lo que nunca supisteis,
rehacer dentro de mí lo que en vosotros se ha roto,
        sacar a los dinosaurios y las ballenas de sótanos y
            nichos,
proyectarlos sobre la bóveda estrellada de nuestras
    meninges
                    todavía arcaicas,

debía concebir y parir una forma nuestra
                    futura
                            mejor.

Olvidaré ya todo. Os dejaré sin mí.

AUTOPORTRET DE FEMEIE

Erau multe cortine și văluri fluturătoare acolo
unele asiatice, nordice, altele necunoscute,
care tot cădeau și cădeau împrejur
ca o ninsoare de pene lungi, răsfirate,
și totuși mai bine nu mă vedeam.
Dincolo, în cealaltă cameră, apoi în cealaltă cameră
se repeta exact aceeași istorie,
văluri colorate și fluturătoare cortine căzînd,
tot căzînd, în jurul unei femei cu numele meu.

Si apoi, dintr-odată și în altă parte fiind
m-am întîlnit chiar cu mine:
eram într-un cerc luminat, înconjurat de mult întuneric,
format din bătrîne mume, mătuși așezate pe vine
cîntărindu-mă, judecîndu-mă
într-o tăcere mai adîncă decît Calea Lactee;
și nu știu cum   am fost scoasă din mijloc,
un vînt straniu, viu și puternic, se rotea împrejur,
și în rînd cu celelalte femei în cercul mare intrînd
m-am văzut de sus, de departe:

AUTORRETRATO DE MUJER

Había muchas cortinas, muchos velos ondulados,
algunos asiáticos, nórdicos, otros desconocidos,
que caían y caían alrededor
como una nevada de plumas largas, esparcidas,
y sin embargo no podía verme mejor.
Allí, en el cuarto, y luego en otro cuarto,
se repetía exactamente la misma historia,
velos de colores y cortinas vaporosas que caían,
y seguían cayendo alrededor de una mujer con mi
nombre.

Y luego, de repente y estando en otra parte,
me encontré justo conmigo:
me hallaba dentro de un círculo iluminado, rodeado de
mucha oscuridad,
formado por madres ancianas, por tías agachadas
que me examinaban, me juzgaban
en un silencio más profundo que la Vía Lactea;
y no sé cómo   me sacaron de allí,
un viento extraño, vivo y fuerte, giraba alrededor,
y mientras entraba en el gran círculo, en fila con las
demás mujeres,
me vi desde arriba, de lejos:

o femelă minusculă între nenumărate femele,
o carcasă oarbă de os într-un cîmp nesfîrșit de
carcase abandonate,
o celulă disperată într-un țesut uman
viu   acoperind spasmodic planeta.
Iar în centrul cercului am văzut o fetiță
și în interiorul ei transparent am văzut o fetiță
minusculă,
și în ea   o altă infimă fetiță,
și în ea alte fetițe, fetițe, fetițe.

Oh, văluri și cortine colorate căzînd   tot căzînd
dinaintea unui sorb infinit
în care adîncindu-mă   mă voi regăsi, cumva, în
cealaltă parte:
lumea asta e o uriașă păpușă matrioșka
în interiorul unei îndepărtate femei:
ea nu se cunoaște pe sine, cîndva însă o să
survină.

Iar înțelepciunea are imagini, nu are idei.

una minúscula mujer entre innumerables
mujeres,
una ciega carcasa de hueso en un campo
infinito de carcasas abandonadas,
una célula desesperada en un tejido humano
vivo   cubriendo entre espasmos el planeta.
Y en el centro del círculo vi a una niña
y en su interior transparente vi a una niña minúscula
y en ella   a otra ínfima niña,
y en ella a otras niñas, niñas, niñas.

Oh, velos y cortinas de colores que caen   y caen
antes de un sorbo infinito
en el que, al sumergirme,   me encontraré de
alguna forma al otro lado:
este mundo es una gigantesca matrioska
en el interior de una lejana mujer:
ella no se conoce a sí misma, pero algún día
se verá.

Y la sabiduría tiene imágenes, no tiene ideas.

II

II

VIAȚĂ MICĂ

Această lume mică cîntată de un ac subțire de diamant
pe discul negru de ebonită al acestui univers comic

viață, viață, viață
sămînță de mac căzută din vagoane de tren
        între traverse negre, bătrîne
strop de salivă sărată sărind în nisip
        dintr-o gură proferînd în neștire
                silaba sacră om, om
hohot de rîs gîlgîind într-un gîtlej nevăzut
halucinînd izvoare de munte și pete de sînge
        nori de ploaie și metropole iluminate
                plută și pește și paturi și patimă
        și maree și mamifere și moarte
                și carte și curcubeu și coșmar

stropi de salivă sărată, hohote în neant, silabe mici, sacre

încăpînd toate într-o gură roșie, mică, de fetiță culcată:
        ea nu visează nimic
                dar între suspinele somnului ei
                        încap toate lumile noastre.

VIDA PEQUEÑA

Este pequeño mundo cantado por una fina aguja de
 diamante
en el disco negro de ebonita de este universo cómico,

vida, vida, vida,
semilla de amapola que cae de los vagones de los trenes
 entre vías negras y viejas,
gota de saliva salada que salta en la arena
 de una boca que profiere sin cesar
 las sílabas sagradas *om, om,*
carcajada que gorgotea en una garganta desconocida
haciendo alucinar a ríos de montaña y manchas de
 sangre,
 nubes de lluvia, ciudades iluminadas,
 balsa y peces y camas y pasión
 y mareas y mamíferos y muerte
 y libro y arcoíris y pesadilla,

gotas de saliva salada, carcajadas en el vacío, sílabas
 diminutas, sagradas,

todas caben en una boca roja, pequeña, de niña acostada:
 ella no sueña con nada
 pero entre los suspiros de su sueño
 caben enteros todos nuestros mundos.

VIAȚĂ MARE

Din rouă rece, în putrezirea călduță a mîlului
și gunoaielor, sau lemn uscat între fire negre de păr,
din sudoare de fată și fărîme de carne,
acolo, în pîlpîirea umedă, fosforescentă, în caverna
lăuntrică, se creează lent, autotelic,
frunzele verzi și sidefatele larve ale albinelor și furnicilor,
căpușele vărgate, lăstunii și norii,
și în roiuri fremătătoare, poleite insecte albastre și stelele

Am văzut, am văzut adînc în mine,
acolo unde încep să încolțească erele și toporașii,
unde se aud cascade și imnuri,
am văzut rațe și gîște sălbatice țîșnind din scoicile
mărilor,
pești curcubeici săgetînd din fructele țepoase ale pinilor,
porumbei cenușii fîlfîind din rășina gălbuie de brad,
am văzut miei scoțînd delicate copite din pepeni,

VIDA GRANDE

Con el rocío fresco, en la cálida descomposición del
fango
y la basura, o la madera seca entre mechones de pelo
negro;
con el sudor de muchacha y trocitos de carne,
allí, en el pálpito húmedo, fosforescente, en la caverna
oculta, se crean lenta, autotélicamente,
las hojas verdes y las nacaradas larvas de las abejas y las
hormigas,
las garrapatas de rayas, los vencejos, las nubes,
y en rumorosos enjambres, dorados insectos azules y
estrellas.

He visto, he visto   en lo hondo de mi cuerpo,
allí donde empiezan a brotar las eras y las violetas,
donde se escuchan himnos y cascadas,
he visto patos y gansos salvajes que irrumpen de las
caracolas de los mares,
peces arcoíris saliendo de los frutos punzantes de los
pinos,
cenicientas palomas aleteando en la resina
amarillenta del abeto,
he visto corderos que asoman delicadas pezuñas de las
sandías,

din boabe de grîu și cîrpe murdare șoareci născîndu-se,
purici verzi apărînd din butonii de bambus la vreme caldă
și umedă,
într-un cotlon scarabeul sacru închegîndu-și trupul din
excremente,
musculițele roșii generîndu-se vertiginos din unirea
micilor fire de praf cu atomii aspri ai focului

Acolo, în pîlpîirea fosforescentă,
în caverna lăuntrică, trecînd ascuns prin pămînturi,
focuri
și ape, în coptura neagră, apoi roșietică, apoi alburie,
spre lumină, o galaxie ca o larvă aurie de fluture
scoțînd capul vesel și înflorind

acolo, unde izbucnește atîta beatitudine îndrăgostită de
sine însăși, îmbrățișîndu-se

viu, viu, viu e tot ce văd,
vie e casa, vii sînt trotuarele,
viu este scaunul nostru de bucătărie,
vii sînt norii, viu soarele,
viu este chibritul care se consumă arzînd,
viu este pixul care se consumă scriind,
vie este mașina de scris, viu e computerul,
vii sînt literele, hîrtia,

ratones que nacen de los granos de trigo y los paños
sucios,
pulgas verdes que surgen del bambú con el calor y la
humedad,
en un rincón el escarabajo sagrado que cuaja su cuerpo
con los excrementos,
las rojas moscas engendrándose vertiginosamente en la
unión
de pequeñas hebras de polvo y ásperos átomos de fuego.

Allí, en el pálpito fosforescente,
en la caverna oculta, pasando a escondidas a través
de la tierra, el fuego
y las aguas, en la masa negra, luego rojiza, luego
blanquecina,
hacia la luz, una galaxia como una larva dorada de
mariposa
que saca la cabeza alegre, floreciendo,

allí, donde estalla tanta beatitud enamorada de sí
misma, abrazándose,

vivo, vivo está todo lo que veo,
viva la casa, vivas las aceras,
viva nuestra silla de la cocina,
vivas las nubes, vivo el sol,
viva la cerilla que se consume ardiendo,
vivo el bolígrafo que se consume escribiendo,
viva la máquina de escribir, vivo el ordenador,
vivas las letras y el papel,

viu e universul întreg, îndrăgostit de sine însuși,
îmbrățișîndu-se,

vie sînt eu, îndrăgostită de univers, îmbrățișîndu-mă,
vie e lumea pe care o descriu,
vii sînt toate cuvintele mele.

vivo el universo entero, enamorado de sí mismo,
abrazándose,

y viva estoy yo, enamorada del universo, abrazándome,
vivo está el mundo que describo,
vivas todas mis palabras.

O, MAMĂ

O, mamă, dulce amară ubicuă mamă,
din cerul tău uterin cum mă pîndești
cînd alunec, cad în jos   pe străzi de asfalt, pe covoare,
gorgonă, meduză, mă privești din crepuscul, rece și fix,
cu o față enormă și roșie

Eram în grădină   între gîndaci și termite
printre fire de praf aurii și bacterii   între
lapte și miere   convorbeam cu vibrații și aripi
ai venit atunci tu   pachiderm cald și moale
umbră înaltă
pînă la stele   ai umplut de vuiet grădina
te-ai oprit în dreptul lungimii mele de undă
să-ți umpli panerul   să-ți saturi pîntecul
gorgonă,   să-ți dezgolești sînii   mi-ai surîs feeric și dulce
m-ai cules m-ai mîncat   sădindu-mă-n tine
în coșulețul tău moale   în noroiul fierbinte
sarcofag înverzit   grotă sacră   moarte caldă și roșie.

OH, MADRE

Oh, madre, agridulce ubicua madre,
cómo me acechas desde tu cielo uterino
mientras me deslizo hacia abajo   por las calles de
    asfalto, por las alfombras,
gorgona, medusa, me miras desde el crepúsculo, fría y
    fijamente,
con un rostro enorme y rojo.

Yo estaba en el jardín   entre escarabajos y hormigas,
        entre motas doradas de polvo y bacterias,   entre
leche y miel,   conversaba con vibraciones y alas
        y entonces llegaste tú,   paquidermo cálido y
            suave,   sombra alta
hasta las estrellas,   llenaste el jardín de bramidos,
        te has parado delante de mi longitud de onda
para llenar tu colmena,   hartar tu vientre,
        gorgona,   para desnudar tus senos,   me
            sonreíste de un modo mágico y dulce,
me agarraste, me comiste,   me plantaste dentro de ti
        en tu suave cesta,   en el fango hirviente,
sarcófago verdecido,   gruta sagrada,   muerte cálida
    y roja.

De ce-ai venit? de ce m-ai luat din grădină?
de ce mi-ai arătat alte surioare, femei, oglinzi,
oglinjoare?
de ce m-ai alungat în afara acelei perfecțiuni
în care zăceam ca o picătură de rouă tremurătoare
pe o față verde de frunză?
Am văzut atunci un tunel cenușiu și îngust,
ca o venă lungă pînă la stele
prin care ceva înaripat îmi părăsea creștetul
ridicîndu-se trist și lent către negură
și un frig cosmic fulgerător năvălind
făcîndu-mă să cad, să alunec
ca o piatră, o larvă, un sîmbure
în jos, pe străzi, pe asfalt, pe covoare

O, mamă, gorgonă, meduză, dulce amară,
din cerul tău sepulcral mă pîndești,
apă neagră de mare, coșuleț de răchită în care odată am căzut:
de ce nu pleci? de ce mai întîrzii prin casă?
Femeie străină, pungă de hîrtie goală, uscată,
îmi răsari din oglinzi, mă aștepți în ultima cameră
acolo unde intru să caut cutremurată

ușa înspre grădină.

¿Por qué llegaste? ¿Por qué me sacaste del jardín?
¿Por qué me mostraste a otras hermanas, mujeres,
espejos, espejitos?
¿Por qué me echaste fuera de aquella perfección
en la que yacía como una gota temblorosa de rocío
en la verde superficie de una hoja?
Vi entonces un túnel ceniciento y estrecho,
como una vena hasta las estrellas
por la que algo alado abandonaba mi cabeza,
se elevaba triste y lento hacia la tiniebla
y me invadía un frío cósmico repentino,
me hacía caer, deslizarme
como una piedra, una larva, un hueso
hacia abajo, por las calles, por el asfalto, por las
alfombras.

Oh, madre, gorgona, medusa, agridulce,
desde tu cielo sepulcral me acechas,
agua negra de mar, cesta en la que una vez caí:
¿por qué no te vas? ¿Por qué te demoras en la casa?
Mujer extraña, bolsa vacía y seca de papel,
surges de los espejos, me esperas en la última habitación,
allí donde entro a buscar sobrecogida

la puerta hacia el jardín.

ADOLESCENȚĂ

Dimineața în care un adolescent își imaginează prima
acuplare
ascuțind lemnul verde al unei săgeți
micii demoni roșii din lenjeria încă imaculată –
la fel să-i fie: somnul de noapte și redempțiunea
tihna de prînz și judecata cea de pe urmă
la fel, urma mîinii pe cer și a pasului în zăpadă
umbra pe care creștetul său o lasă pe norii de seară
în aurora optică de pe vîrfuri
felul în care va privi o femeie născînd într-o iesle
dacă va cîștiga la jocul de zaruri
dacă va găsi cristale în munți

Cine vine atunci și despică cu unghia
membranele translucide ale oului prin care
pătrunde lumea de jos cea care nu gîndește ca pruncul
în carnea luminoasă și puberă?
Casa asta nu a cunoscut niciodată inocența perfectă
rufele nu sînt niciodată imaculate
balta de sînge și urletul lupului
le ascunde tenace cu trupul o mamă destrăbălată?

ADOLESCENCIA

Como la mañana en la que un adolescente se imagina su
primer acoplamiento
afilando la madera verde de una flecha,
los pequeños demonios rojos de la lencería aún impoluta,
que así le sean: el sueño nocturno y la redención,
el reposo después de almorzar   y   el último juicio,
que le sean igual la huella de la mano en el cielo y
los pasos en la nieve,
la sombra que su cabeza deja en las nubes al atardecer,
en la aurora óptica de las cumbres,
el modo en que mirará a una mujer pariendo en un pesebre
si gana el juego del azar,
si encuentra cristales en los montes.

¿Quién viene entonces y abre con la uña
las membranas translúcidas del huevo   a través de las
cuales
penetra   el mundo de abajo   que no piensa como el
niño
en la carne luminosa y púber?
¿Esta casa no conoció nunca una inocencia perfecta?
¿Las ropas no están nunca impolutas?
El charco de sangre y el aullido del lobo
¿los esconde tenazmente el cuerpo de una madre
desenfrenada?

Cum o adolescentă își imaginează trece-n femeie
sunt erupții de lavă și primitive cutremure
sunt sacrificii barbare pe terase de piatră
și sinucideri în palate complicate, de sticlă
lupta între dulci diavoli roșii și îngeri mici disperați
înfrățiri între saltimbanci și apostoli:
într-o colibă de stuf ea ascunde un diamant
care sîngeră

Cum pe talgerele aceleiași aurite balanțe
stau în echilibru precar grămezi de bălegar și o perlă
cum cortina aurorei boreale poate anunța fluturînd
ziua fără început sau înnoptarea fără sfîrșire
cum procreația poate fi o sinucidere sau o amînare
o bălăcărire în vid sau o primenire în flacără
cum imaginea lumii se răspîndește în artere și vene
ca o beție neagră sau o strălucitoare demență
cum vasul casant al ființei poate ascunde tot sau nimic
și după moarte vine să te conducă un adolescent
luminos
ori o negură

Oh, cunoașterea prea timpurie
ceea ce nu gîndește ca pruncul:

Como una adolescente se imagina que pasa a ser mujer,
hay volcanes en erupción y terremotos primitivos,
hay bárbaros sacrificios en terrazas de piedra
y suicidios en palacios complicados, de cristal,
la lucha entre dulces diablos rojos y pequeños ángeles desesperados,
hermanamientos entre saltimbanquis y apóstoles:
en una choza de juncos ella esconde un diamante
que sangra.

Como en los platos de una misma dorada balanza
están en precario equilibrio montones de estiércol y una perla,
como la cortina de la aurora boreal puede anunciar ondeando
el día sin comienzo o la noche sin fin,
como la procreación puede ser un suicidio o un aplazamiento,
un sumergirse en el vacío o renovarse en la llama,
como la imagen del mundo se expande en arterias y venas
igual que una negra embriaguez o una demencia resplandeciente,
como el vaso quebradizo del ser puede esconder todo o nada
y después de la muerte viene a llevarte un adolescente luminoso
o una tiniebla.

Oh, el conocimiento demasiado precoz
que no piensa como un niño:

ziua în care porumbelul își ia zborul
de pe creștetul tînăr și rușinat ca o plită încinsă
îndreaptîndu-se spre răsărit
și din toată fulguiala cîntătoare și albă
i se mai văd doar ghearele vinete.

el día en que la paloma alza el vuelo
desde la cabeza joven y vergonzosa como un fogón
encendido
y se dirige hacia el oriente
y de todo el fulgor cantarín y blanco
solo se ven las garras ennegrecidas.

DOUĂ TINERE FETE

Și dacă dintre două adolescente prietene
iubindu-se cast   în lungi plimbări matinale   între
hipodrom și liceu
una alege brusc pielea și ochii unui tînăr întîmplător
mirosul verde și iute   glasul lui avid aspru
dînd foc pielii și ochilor   trupului ei încă copil
și ea uită restul mare al lumii   și hipnotic i se dedică

Iar cealaltă nu alege pe nimeni
ci pierdută în deducții supramundane   în lungi
plimbări singuratice între hipodrom și liceu
nu crede   nu poate   un singur bărbat să fie iubit
mai presus de sfera pămîntului   cînd totul
e sfînt sfînt   sfinte lalelele   sfinte insectele și castanii
cînd bărbații sunt miriade   și miriade asemenea sunt
femeile   de sus de departe iubirea e mai
improbabilă decît lumea

DOS JÓVENES MUCHACHAS

Y si entre dos amigas adolescentes
        que se aman con pudor   en largos paseos
            matinales   desde
        el hipódromo hasta el instituto
una escoge de golpe la piel y los ojos de un joven al azar,
        su olor verde y picante,   su voz ávida y áspera
        que abrasa la piel y los ojos   de su cuerpo aún de
            niña
y se olvida del gran resto del mundo   y se dedica a él
    hipnóticamente

y la otra no escoge a nadie
        sino que perdida en deducciones supramundanas
            en largos
        paseos solitarios desde el hipódromo hasta el instituto
no cree   que pueda   amar a un solo hombre
        más que al mundo   cuando todo
        es sagrado, sagrado,   sagrados los tulipanes,
            sagrados los insectos y los castaños,
cuando los hombres son millones   y millones son
    también
        las mujeres,   desde arriba, desde lejos, el amor es
            más
        improbable que el mundo

și își închipuie prima îmbrățișare
ca un holocaust universal.

Cine a greșit? Cine are dreptate?
o, mică, blondă prietenă
păstrată într-o memorie puberă ca o albină
de aur într-o rășină ușor dureroasă
oare ai ales bine? oare ești fericită?
Acum cînd știm amîndouă
că nimic nu ne primește complet nici bărbații
nici sfera pămîntului ci înapoi ne reflectă și
nimeni nu știe nu poate fără rest să se dăruie
să se oglindească fiind bărbat sau femeie în lume
deși lumea bărbații femeile sunt un truc al iubirii:
sfere mari sau minuscule susținute în vid
de aceeași enigmă prea simplă prea evidentă
pentru pruncii bătrîni care suntem.

y ella se imagina el primer abrazo
como un holocausto universal.

¿Quién se equivocó? ¿Quién tiene razón?
Ay, amiga pequeña y rubia
guardada en un recuerdo púber como una abeja
de oro en una resina ligeramente dolorosa,
¿has escogido bien? ¿Eres feliz?
Ahora que las dos sabemos
que nada nos acoge por completo, ni los
hombres
ni el mundo, sino que nos devuelven el reflejo y
nadie sabe ni puede sin algún resto entregarse
ni mirarse en el espejo como hombre o
mujer en el mundo
aunque el mundo, los hombres, las mujeres son un
truco del amor:
esferas grandes o minúsculas sostenidas en el
vacío
por el mismo enigma demasiado sencillo,
demasiado evidente
para las niñas viejas que ya somos.

EXPERIENȚA BUJORILOR

Căpățînile crețe, sîngerii ale bujorilor roșii
din grădină   le privesc le privesc le privesc
mîhnirea intensă și vastă   ca aerul dulce de mai
a unei iubiri proaspăt trădate   după ce a trădat
mă podidește mă copleșește   precum
prima întîlnire cu irevocabilul   cîndva în
adolescență
în fața morții la 14 ani a unei fete prietene
care apucase să cunoască păcatul

Florile intens purpurii ale bujorilor
le privesc   le privesc   le privesc   pînă cînd
brusc   ele mă privesc pe mine   mă privesc și m-așteaptă
suferința lor nu pot s-o îndur   e nedreaptă
mă privesc intens   pînă cînd
știu   știu

Dacă aș privi cu atenție cosmică   o clipă lungă,
eternă
în corola lor sîngerie   în abisul lor roșu   în sorbul
catifelat
pînă aș fi una cu bujorii

LA EXPERIENCIA DE LAS PEONÍAS

Las rizadas, sanguíneas cabezas de las peonías rojas
del jardín,   las miro, las miro, las miro,
la tristeza intensa y vasta   como el aire dulce de mayo
de un amor recién traicionado   después de
traicionar
me inunda, me desborda   igual que
el primer encuentro con lo irrevocable
en la adolescencia
ante la muerte a los catorce años de una amiga
que ya había conocido el pecado.

Las flores intensamente púrpuras de las peonías,
las miro,   las miro,   las miro,   hasta que
bruscamente   ellas me miran a mí,   me miran
y me esperan,
no puedo soportar su dolor,   es injusto,
me miran intensamente   hasta que
ya sé,   ya sé.

Si mirara con atención cósmica   un instante
largo, eterno,
en su corola sanguínea,   en su abismo rojo,
en el vórtice aterciopelado,
hasta ser una con las peonías,

pînă m-aș absorbi fără rest în polenul gălbui și negre pistile
să trec dincolo în mireasmă în sevă roșie în molecule în electroni
în spațiul lăuntric imens

atunci m-aș salva. aș fi liberă.

Dar nu pot. Roșul sîngeriu mă înăbușă, abisul catifelat mă respinge.
Mă extrag din petale, din miros și pistile. Revin înapoi.
Văd iarăși lumea de afară în grădină chermeza continuă:
mîhnire intensă și vastă ca aerul dulce de mai
iubire veșnic trădată după ce a trădat

Limitarea mea irevocabilă
ca lepădarea la finalul adolescenței a nemărginitului.

hasta absorberme entera en el polen amarillo
y los pistilos negros
y penetrar   en la fragancia,   en la savia roja,
en moléculas,   en electrones,
en el inmenso e íntimo espacio,

entonces me salvaría. Sería libre.

Pero no puedo. El rojo sanguíneo me abruma, el abismo aterciopelado me rechaza.
Me extraigo de los pétalos, del olor, de los pistilos y regreso.
Veo otra vez el mundo,   lo que hay fuera,
en el jardín,   la fiesta continúa:
tristeza intensa y vasta   como el aire dulce de mayo,
amor eterno traicionado   después de traicionar.

Mis límites irrevocables
como cuando al final de la adolescencia se pierde el infinito.

TREI QUASI SONETE DE DRAGOSTE

I

De ce, de cîte ori îl văd înainte pe stradă
sau doar mi se pare că-i zăresc spatele în mulțime,
printre umeri și pneuri, asfalt și vitrine,
o spaimă atroce mă copleșește, o căldură ciudată, o greață
și fulgerător, împotriva voinței, trec strada?

Mi se întunecă sferele ochilor; pupilele tremură și se sting;
un tunel rece își deschide pîlnia în mine spre haos.
Ca și cum apropierea chipului său, atîta vreme dorită,
ar însemna sfîrșitul, distrugerea.
Cui îi e teamă de tine în mine?
Și de ce anume i-e teamă?
Și de ce, fiindu-i teamă, atît te dorește?

Mi se întunecă pupilele; un haos rece mă absoarbe spre vid;
un vîrtej fierbinte îmi topește carnea și hainele;

TRES CASI SONETOS DE AMOR

I

¿Por qué, cada vez que lo veo delante de mí por la calle
o solo me parece vislumbrar su espalda en la muchedumbre,
entre hombros y neumáticos, asfalto y escaparates,
un miedo atroz me invade, un extraño calor, una náusea,
y de golpe, en contra de mi voluntad, cruzo la calle?

Las esferas de mis ojos se oscurecen; mis pupilas tiemblan y se apagan;
un túnel frío abre su boca hacia mí en el caos.
Como si la cercanía de su rostro, tanto tiempo anhelada,
significara el fin, la destrucción.
¿Quién te teme en mi interior?
¿Y qué teme?
¿Y por qué, si te teme, te desea tanto?

Mis pupilas se oscurecen; un caos gélido me atrae hacia el vacío;
un vértigo ardiente funde mi carne y mi ropa;

și brusc, împotriva dorinței, trec strada.
Ca și cum apropierea trupului lui, atîta visată,
ar fi aidoma prăbușirii micului electron în nucleu,
ori căderii unei planete prea grele asupra astrului său,
înghițită brusc de un imens întuneric.
Din ce antimaterie îți e închegată privirea?
Și ce semn opus mie poartă mîinile tale?
Ce negație vibrantă simte negația care sînt?

Ca și cum, atingîndu-ne, aș ajunge la capătul evoluției mele.
Ca și cum, contopindu-ne, universul s-ar opri brusc
din desfigurarea lui lentă: orhideea lui răsfirată
s-ar resorbi fulgerător într-un punct;
punctul acela ar muri fericit.

Mi se întunecă ochii, sferele gînditoare; un haos dureros
mă absoarbe; un vid; și trec strada.
Cine vrea să se distrugă prin tine în mine?
Cine vrea să se reunească cu cine?
Și cine vrea din noi doi să irumpă?

Orhidee distrugătoare și tandră, vastă cît lumea,
dezintegrare bruscă ce reintegrează,
anihilare de care mă tem, atîta dorindu-mi-o:

Oare asta e paradisul?

y bruscamente, en contra de mi voluntad, cruzo la
calle.
Como si la cercanía de su cuerpo, tanto tiempo soñada,
fuera como la caída del pequeño electrón en su núcleo,
o la caída de un planeta demasiado pesado sobre su
astro,
súbitamente engullido por una inmensa
oscuridad.
¿De qué antimateria está hecha tu mirada?
¿Y qué signo contrario a mí llevan tus manos?
¿Qué negación vibrante siente la negación que
soy?

Es como si al tocarnos yo llegara al final de mi evolución.
Como si al fundirnos el universo detuviera bruscamente
su lenta desfiguración y su orquídea esparcida
se reabsorbiera de golpe en un punto
y ese punto muriera feliz.

Mis ojos, mis esferas pensantes se oscurecen; un caos
doloroso
me absorbe; un vacío; y cruzo la calle.
¿Quién quiere destruirse a través de ti en mí?
¿Quién quiere encontrarse con quién?
¿Y quién de nosotros quiere irrumpir?

Orquídea destructora y tierna, vasta como el mundo,
brusca desintegración que reintegra,
aniquilación que temo mientras la anhelo tanto:

¿es esto el paraíso?

II

Cînd nu-mi ești în preajmă
și preajma-i pustie și în singurătate nu știu
ce să fac cu mîinile mele, cu ființa mea
neterminată,
Îmi vine să mîngîi febril tot ce-i în jur
ușile întredeschise, covoarele veștede, clanțele
și micile obiecte electrice pe care tu cîndva ai pus
mîna.

Toate mi se par senzuale și calde,   freamătă și tresar, se
alintă,
deschid ochi lucitori, întind buze umede și avide,
fremătătoare și vii mă cheamă la o stranie
îmbrățișare.
Și-mi vine pe toate de-a valma să le cuprind,
să le sorb cu pielea   cu ochii   cu buzele,
să mă satur enigmatic de tine.
Mă dau bucuros ușilor, covoarelor, micilor obiecte electrice,
ele fac acum parte din mine:
mă mișc astfel în interiorul meu, mă sărut și mă
mîngîi.

II

Cuando no estás cerca
y la cercanía es un desierto y en la soledad no sé
qué hacer con mis manos, con mi ser
inacabado,
tengo ganas de acariciar febrilmente lo que me rodea,
las puertas entreabiertas, las alfombras gastadas, los
picaportes
y los pequeños objetos eléctricos que alguna vez
tocaste.

Todos me parecen sensuales y cálidos, palpitan y se
sobresaltan, mimosos,
abren sus ojos brillantes, tienden ávidos labios
mojados,
temblorosos y vivos me convocan a un extraño
abrazo.
Y tengo ganas de cobijarlos a todos,
sorber su piel con los ojos, los labios,
embriagarme misteriosamente de ti.
Me entrego con alegría a las puertas, las alfombras, los
pequeños objetos eléctricos,
que ahora forman parte de mí:
me muevo en mi interior, me beso, me acaricio.

O mumă străveche se trezește deodată în mine,
o femeie atavică ce pretinde încontinuu pradă
și cu pîntecul ar vrea să înghită și să mîntuie lumea,
să o întoarcă în feminitate.

Lumea cea vastă în care tu ești plecat,
în care ești dizolvat
ca o sare grunjoasă într-o apă transparentă și sfîntă,
lumea asta de obiecte care ești tu întreg.

Tu, care ai devenit lumea întreagă.

Una antigua madre se despierta de pronto en mí,
una mujer atávica que siempre exige alimento
y con su vientre quisiera engullir y salvar el mundo,
devolverlo a la feminidad.

El vasto mundo donde tú estás,
donde tú te disuelves
como sal gruesa en un agua transparente y sagrada,
este mundo de objetos que eres tú por completo.

Tú, que eres ya el mundo entero.

III

Uneori sînt furioasă și tristă dinaintea celui pe care-l iubesc,
nu pentru că el nu mă iubește – oh, el mă dorește
prea mult, prea nesățios,
ci pentru că mi se pare că el nu mai e el, nu mai seamănă
cu cel în care cîndva
m-am văzut pentru prima oară întreagă
cu adevărata mea față
și pierzîndu-mă în el m-am regăsit.

Nu-mi mai amintește de ce-mi amintea:
clipa stranie, vastă, în care
dizolvîndu-ne unul în altul ca sarea în mare,
parc-am fi murit fulgerător împreună flacără în flacără
și dintre noi ca un fulger blînd
o a treia Prezență luminoasă inexplicabilă
s-a ridicat cu un freamăt alb cu o fîlfîire răcoroasă de
aripă
ne-a privit de deasupra
și s-a înălțat bucuroasă.

Iubitul meu e însă același. A mea numai e vina,
pentru că preț de o clipă uit să-l privesc
cu ochiul al treilea

III

A veces estoy furiosa y triste delante de mi amado,
no porque él no me quiera —oh, él me desea
        demasiado, sin límite—,
pero creo que ya no es él,   que ya no se parece
al hombre en el que tiempo atrás
                me vi completa por primera vez
                con mi rostro verdadero
y al perderme en él   me reencontré.

No recuerdo lo que me recordaba:
                aquel instante extraño, amplio,   en el que
nos disolvimos el uno en el otro   como la sal en el mar,
como si hubiéramos muerto juntos,   llama en llama,
                y entre nosotros,   como un relámpago tierno,
una tercera Presencia   luminosa,   inexplicable,
se alzó con un blanco temblor,   con un fresco aleteo,
        nos miró desde arriba
                y se elevó feliz.

Mi amado es el mismo. Solo yo tengo la culpa,
        porque por un instante   me olvido de mirarlo
                con el tercer ojo

deschis în ziua aceea, în adevăratul lui chip:
cel cu care
Prezența de atunci   nețărmurit   mă privește.

Și-l privesc opac, orb   asemeni tuturor celorlalți
netopiți ca sarea în mare   nearși ca flacăra-n flacără
obligîndu-l fără vina lui să redevină
ceea ce el nici nu este.
Pedepsindu-mă astfel singură   fiindcă ochii mei uituci
nu pe el nu-l mai văd,
ci acel freamăt, acea fîlfîire –
și odată cu el   eu însămi cobor
vertiginos
din lumina Taborului.

abierto aquel día en su verdadero rostro:
con el que
la Presencia desde entonces me mira sin límite.

Y yo lo miro opaca, ciegamente, como todos los demás,
sin disolvernos como la sal en el mar, sin arder
como la llama en la llama,
obligándolo sin que él tenga la culpa a volver a ser
lo que no es.
Y me castigo así a mí misma porque mis ojos
olvidadizos
ya no lo ven a él,
sino aquel palpitar, aquel aleteo,
y con él yo misma desciendo
vertiginosamente
de la luz de Tabor.

CREAȚIE

Cine.
Să fie. Să fie.
De-ar veni, de-ar veni, ar veni
        din adîncuri oceanice și astrale
din sine   din trup   întuneric
        un punct luminos crescînd, crescînd   explodînd
        și întunericul învîrtoșîndu-se în celule
                focuri cosmice și vid iubitor
departe, o pată albă,   un ou, o cometă
        și șoapta ta   vino, vino,   apari, desfășoară-te
        țesutul pulsează dureros   e o nouă pe cerul umorilor
        se depun straturi-straturi   ceruri și ape,   țărînă
apoi o străfulgerare taie noaptea adînc;
        și inima începe să bată   în cavernă, pe cîmpuri
        se face de ziuă, mijește încet un surîs
        și degetele subțiri sunt șterse de sînge   pe zare
        peștii alunecă iute prin fluvii verzi și albastre
ochiul se deschide, clipește   e lumină, e bine
        hipofiza mișcă umorile și vîntul de seară
        glanda pineală îmbrățișează priveliștea
drumuri de țară duc în metropola forfotitoare

CREACIÓN

Quién.
Que aparezca. Que aparezca.
Si llegara, si llegara, llegaría
        desde abismos océanicos y astrales,
de sí mismo,   del cuerpo   o la tiniebla,
        un punto luminoso que crece, crece,   estalla
                y la tiniebla gira entre sus células,
                        fuegos cósmicos y vacío amoroso,
lejos, una mancha blanca,   un huevo, un cometa
        y tu susurro,   ven, ven,   aparece, extiéndete,
        el tejido pulsa dolorido,   es una nova en el cielo
            del ánimo,
        se depositan por estratos   los cielos y las aguas,
            la tierra,
luego un relámpago corta hondo la noche;
        y el corazón empieza a latir   en la caverna, en los
            campos,
        se hace de día, brota despacio una sonrisa
        y dedos finos se borran de sangre   en el horizonte,
        los peces se deslizan rápido entre ríos verdes, azules,
el ojo se abre, parpadea,   hay luz, está bien,
        la hipófisis mueve el ánimo y el viento de la noche,
        la glándula pineal abraza el paisaje,
caminos de campo llevan al bullicio de la ciudad,

mîna ta ține strîns o pungă de plastic
unde suntem întreabă organele
în mașină, în uzină, la lucru
pe vîrfuri răspund mii de voci în trupul ce cîntă
turnul Babel unduiește amețitor
o dulceață se răspîndește în aer
și planeta se rotunjește frenetic
ceruri și ape pielea catifelată
în aurora care îmbrățișează crepusculul
din adîncuri de sus, din sine din trup
să fie. De-ar veni. Vine. Este.

Va fi
iarna, la vremea Crăciunului:

va veni îmbrăcată în rochie.

tu mano aprieta una bolsa de plástico,
dónde estamos, preguntan los órganos,
en el coche, en la fábrica, en el trabajo,
responden desde las cumbres miles de voces en el cuerpo
que canta,
la torre de Babel se ondula vertiginosamente,
la dulzura se expande en el aire
y el planeta se vuelve redondo de manera frenética,
cielos y aguas,   la piel aterciopelada
en la aurora que abraza el crepúsculo
desde los abismos,   desde lo alto, desde sí misma,
desde el cuerpo,
que aparezca. Ojalá llegara. Llega. Ya está.

Será
invierno, en Navidad:

y llegará vestida de mujer.

INCONȘTIENT FĂRĂ IMAGINAȚIE

Dorm. Mai dorm. Încă dorm.
Inconștientul meu tînăr visează în mine
sălbăticiuni fosforescente traversînd fluvii negre adînci,
văd enormi zei colorați plutind peste păduri fără margini,
cobor în labirinturi concentrice unde găsesc o carte
aurie și sacră,
vînez unicornul, în întuneric trec peste punți subțiri,
suspendate,
înconjurată de turme și demoni străbat grote umede,
case pustii,
dimineața plec la serviciu, traversez Calea Victoriei,
împreună cu tine mă aventurez în biblioteca
Academiei,
în secția de stampe rare și manuscrise ne iubim pe ascuns
între imaginea unui Archaeopteryx *și o gravură*
indiană cu zei,
suntem în pădure, în labirint, traversăm străzi negre adînci,
vînăm banul, trecem peste cadavre, împreună cu șefi
buni și răi

INCONSCIENTE SIN IMAGINACIÓN

Duermo. Aún duermo. Duermo todavía.
Y mi inconsciente joven sueña en mí
animales salvajes fosforescentes que atraviesan ríos negros profundos,
veo enormes dioses coloridos flotando encima de bosques infinitos,
desciendo a laberintos concéntricos donde encuentro un libro dorado, divino,
cazo al unicornio, en la oscuridad cruzo livianos puentes suspendidos,
rodeada de rebaños y demonios recorro húmedas grutas, casas vacías,
por la mañana voy al trabajo, atravieso la calle de la Victoria,
junto a ti me aventuro en la biblioteca de la Academia,
en la sección de láminas raras y manuscritos nos amamos a escondidas
entre la imagen de un *Archaeopteryx* y un grabado indio de dioses,
estamos en el bosque, en el laberinto, cruzamos calles negras, profundas,
cazamos dinero, pasamos por encima de cadáveres, con jefes buenos y malos

străbatem cariere și planuri, birouri și continente,
unii mor, unii proliferează, alții le iau repede locul,
coboară în labirint, traversează Calea Victoriei,
vînează animale sălbatice și blonde, elegante zeițe,
descifrează cărți cu margini aurii, explorează grotele lumii;
dorm și visează, încă visează

sub un cer plin de comete și astre, sub o boltă înflăcărată,
dintr-un inconștient mult mai cuprinzător,
mai bătrîn,
mai plin de imaginație,
visat de un inconștient și mai vast,
fără vîrstă,
încă și mai surprinzător,
visat de un inconștient fără margini
fără centru
fără imaginație

atravesamos carreras y planes, despachos y continentes,
algunos mueren, algunos proliferan, otros ocupan
rápido su lugar,
descienden al laberinto, cruzan la calle de la Victoria,
cazan animales salvajes y rubios, elegantes diosas,
descifran libros con márgenes dorados, exploran las
grutas del mundo;
durmen y sueñan, todavía sueñan

bajo un cielo lleno de cometas y astros, bajo una bóveda
en llamas,
desde un insconsciente mucho más abarcador,
más viejo,
más imaginativo,
soñado por un inconsciente aún más vasto,
sin edad,
aún más sorprendente,
soñado por un inconsciente infinito,
sin centro,
sin imaginación.

OMUL VIEȚII TALE

Auzi o voce într-un magazin, întîlnești fără să vrei o privire
care te atinge pînă-n străfunduri, te înmărmurește
și fulgerător știi, știi profund, ai dat peste omul vieții tale
bărbatul demult așteptat, îndelung căutat
ți-a fost în fine trimis, cînd nu mai credeai că se
poate
și tocmai atunci ești obosită peste măsură, nu te-ai machiat
părul nu ți-e spălat, ești numai în tea-shirt și
blugi

În zgomotul magazinului rămîi nemișcată, încerci să gîn-
dești
o soluție, privești pe furiș către bărbatul acela
– el caută un produs pe un raft, e preocupat, nu te vede –
dar tu știi, știi definitiv, irevocabil
el e omul vieții tale, simți fără să înțelegi
intuiești o transfigurare
Ceva magnetic te leagă invizibil de el, te atrage puternic
încerci să găsești o o apropiere, o cale, te prefaci
că și tu cauți produsul acela

EL HOMBRE DE TU VIDA

Oyes una voz en una tienda, encuentras sin querer una mirada
que te toca hasta el fondo, te enmudece
y sabes en un instante, profundamente, que es el hombre de tu vida,
el que has esperado, el que has buscado tanto,
y está por fin delante, cuando pensabas que ya era imposible
y justo estás cansada, muy cansada, sin maquillaje,
no te has lavado el pelo, tienes una camiseta y vaqueros.

En medio del ruido, te quedas inmóvil, intentas encontrar
una solución, miras a hurtadillas a aquel hombre
—busca absorto un producto, no te ve—
pero tú sabes, definitiva e irrevocablemente,
que él es el hombre de tu vida, sientes sin comprender,
intuyes una transfiguración.
Algo magnético te une a él de un modo invisible, te atrae con fuerza,
intentas ver cómo acercarte, cómo encontrar un camino, finges
que tú también buscas aquel producto.

Deja omul vieții tale a plecat mai departe
iar tu îl urmezi fără grai, nici nu i-ai văzut bine chipul
dar alura lui, chiar din spate, îți indică enigmatic
– el e omul vieții tale –
îl fixezi cu privirea, dar el nu simte nimic
Și oboseala ta e din ce în ce mai puternică
un fel de somn se lasă greu peste creier, caști și îți vine
să te întinzi pe jos, printre rafturi, să te lichefiezi

El e omul vieții tale și nu știe, nu simte
iar tu nu erai pregătită, erai adormită, nu mai sperai –
privirea lui te-a atins pînă în străfunduri
ți-a dat certitudinea aceea intensă, absurdă
bucuria vastă este posibilă
armonia perfectă este posibilă
El e omul vieții tale, bărbatul îndelung așteptat
inima strînsă te doare, ai vrea să vorbești
nu găsești cuvinte, totul pare ridicol
Îl urmezi de la mică distanță – îți amintești brusc
de parabola celor cinci fecioare nebune
care au uitat să-l aștepte pe mire cu candela plină,
aprinsă
cînd el a venit pe neașteptate și le-a frînt inima

Acum știi –și cu pieptul în flăcări
mută ca o umbră cenușie din lumea cealaltă

Ya el hombre de tu vida se está yendo
y lo sigues sin palabras, ni siquiera lo has visto bien
pero su figura, incluso de espaldas, te lo dice de manera enigmática
—él es el hombre de tu vida—,
lo miras fijamente pero él no se percata.
Y tu cansancio es cada vez más fuerte,
algo parecido al sueño te envuelve, bostezas y quieres
tumbarte en el suelo, entre los estantes, quieres volverte líquida.

Él es el hombre de tu vida y no lo sabe, no lo siente
y tú no estabas preparada, estabas dormida, ya no lo esperabas;
su mirada te ha tocado hasta el fondo,
te dio aquella certeza intensa, absurda,
la alegría vasta es posible,
la armonía perfecta es posible.
Él es el hombre de tu vida, el que has esperado tanto,
el corazón te duele, encogido, quisieras hablar
pero no encuentras las palabras, todo es ridículo.
Lo sigues desde cerca; bruscamente recuerdas
la parábola de las cinco vírgenes locas
que olvidaron esperar al novio con la lámpara llena, encendida,
y él llegó inesperadamente y les rompió el corazón.

Ahora lo sabes; y con el pecho en llamas,
muda como una sombra gris del más allá,

îl urmezi pe cel care se îndepărtează vertiginos
printre culoarele magazinului
fără să-i poți striga, chiar de departe
Ești omul vieții mele, ești împlinirea mea
ești infinitul meu, dezmărginirea
Te-am așteptat cît am putut, m-am pregătit cum am știut
am uitat, mi-am amintit, am uitat
Nu vreau să te mai ratez. Ești gloria lumii.
Acum ești aici. Te-am recunoscut. Vino !

sigues al que se aleja vertiginosamente
        entre los pasillos de la tienda
                sin que puedas gritarle siquiera desde lejos:
Eres el hombre de mi vida, mi plenitud,
                mi infinito, mi ausencia de límites.
Te esperé todo lo que pude, me preparé como supe,
                        olvidé, recordé, olvidé.
No quiero seguir perdiéndote. Eres la gloria del mundo.
Y ahora estás aquí, te reconozco. ¡Ven!

LA MIJLOCUL VIEȚII

Primim uneori lovituri neașteptate, năprasnice,
în această cursă ciudată, fără ieșire,
cînd brusc cronometrul din buzunar, pocnind, se oprește
și vedem altfel, dar altfel,
scaunul și masa la care stăm muți, copleșiți.
Obiectele capătă încet o claritate fosforescentă,
un fel de înaltă cortină e trasă puțin deoparte,
dinaintea unei ceți străvechi, o dureroasă tenebră.
Timpul stă, nimic nu mai curge.
Stăm. Așteptăm.
Închiși ermetic într-un intens, viu prezent.
Ceva vibrează în preajmă, un fel de tensiune, o teamă.
Ca și cum o măruntă apocalipsă, totuși teribilă,
această viață a noastră
ne-ar putea cădea brusc în față
ca o apă tăioasă, o cascadă justițiară.
Un film s-ar bloca într-un enorm aparat de proiecție,
și ne-am trezi dintr-odată în mijlocul clișeului,
înăuntrul secvenței. În fluviul vast de imagini care e lumea.
Lumina iluziei s-a stins, s-a răcit.
Totul tace; înăuntru e vid; o liniște cosmică.

EN LA MITAD DE LA VIDA

A veces recibimos golpes inesperados, devastadores,
en esta carrera extraña, sin salida,
cuando bruscamente el cronómetro del bolsillo estalla y
    se para
y vemos de otro modo, pero *de otro modo*,
la silla y la mesa en la que estamos mudos, abrumados.
Los objetos cobran despacio una claridad fosforescente,
una especie de cortina se descorre un poco desde lo alto,
delante de una niebla antigua, una dolorosa oscuridad.
El tiempo se detiene, ya no corre.
Y nosotros, parados, aguardamos.
Herméticamente encerrados en un presente vivo, intenso.
Algo vibra alrededor, una tensión, un miedo.
Como si un minúsculo y sin embargo terrible apocalipsis,
esta vida nuestra,
pudiera de repente caérsenos delante
como un agua filosa, una cascada justiciera.
Como si una película se atascara en un enorme proyector
y despertáramos de pronto en la mitad del plano,
dentro de la secuencia. En el vasto río de imágenes que es
    el mundo.
La luz de la ilusión se apagó, se enfrió.
Todo calla; dentro hay vacío; un silencio cósmico.

Mintea se întredeschide preț de un fulger, o clipă puternică,
spre uitate misterii, nicicînd bănuite.
Ceva greu din noi geme, se vaetă; cade într-un abis fără
formă.
Altceva din noi se înalță ușor către un sorb de lumină,
întrevăzîndu-și uluit inocența.
Și în noua limpezime a vederii interioare
zărim vag, ca un film mai subtil, o părere tremurătoare,
niște zei maturi, așezați la o masă, deasupra,
făcîndu-ne discret semn cu mîna,
zîmbind,
așteptîndu-ne.

La mente se abre durante un instante, un momento
poderoso,
a olvidados misterios nunca sospechados.
Algo que pesa en nosotros gime y se lamenta; cae en un
abismo sin forma.
Algo ajeno en nosotros se alza ligero hacia un sorbo de
luz,
con asombro contempla su propia inocencia.
Y en la nueva nitidez de la visión interior
divisamos vagamente, como una película más sutil, un
pensamiento que tiembla,
unos dioses maduros, sentados en una mesa, allí arriba,
que nos hacen discretas señales con la mano,
sonriendo,
esperándonos.

OMUL MATUR

Vorbește, voce mică în mine, vreau în sfîrșit să te-ascult:
după fuga cea mare în haznaua veselă a metropolelor
în drogul greu al mulțimilor, în metrouri, în mall-uri,
în deriva bărcilor cu emigranți, în expandarea
periculoasă a continentelor,
mîncînd pămîntul, fugind, risipind secundele, anii,
de frica micului glas, monoton, iritant,
al pruncului nătîng care plînge și lălăiește,
murdar, neîmbăiat, nehrănit,
închis în camera din adînc.

Micul mongoloid cu ochi înguști de azur
care-ți bate uneori cu degetul în oasele pieptului
cerîndu-ți lapte și dragoste
și se alintă și gîngurește
ca un animal de companie uitat într-un cotlon al memoriei,
într-o debara a apartamentului.

EN LA MADUREZ

Habla, pequeña voz dentro de mí, quiero escucharte por fin:
después de la gran fuga en los alegres pozos de las ciudades,
en la droga pesada de las multitudes, el metro, los centros comerciales,
en la deriva de barcos de inmigrantes, en la expansión peligrosa de los continentes,
huyo derrochando los segundos, los años,
por miedo a la pequeña voz, monótona, irritante,
del niño bobo que llora y se lamenta,
sucio, sin bañarse, sin comer,
encerrado en el cuarto, en lo profundo.

El homúnculo de ojos estrechos, azules,
que a veces llama con su dedo en los huesos de tu pecho
y te pide leche y amor,
caricias y arrullos,
como un animal de compañía en un rincón de la memoria,
en el desván del apartamento.

Iar peste el, omule matur, îngrămădești cu groază, cu grabă
grămezi de ziare necitite și facturi rupte în bucăți,
e-mailuri urgente și contracte neonorate,
neînțelegînd de unde vine mirosul dulceag de fecale
și frigul cosmic din inimă și mînia năprasnică,
teama unei mări tulburi care s-ar apropia, ar urca,
ți-ar acoperi gleznele, genunchii, coapsele
un dig de beton care ar sta să cedeze
în mijlocul camerei, în centrul fisiunii interioare.

Cînd ar fi fost atît de senin, de ușor, să asculți
scîncetul arhaic, etern,
să-l ajuți în tine să crească,
bucuria pură, gîlgîitoare,
bucuria nemărginită
s-o ajuți să țîșnească, să devină un omuleț, prin iubire,
apoi un adolescent luminos, cu ochi enormi de azur,
care-ți va rupe exaltant, eliberator, oasele pieptului
cînd va fi să se nască...

Y encima de él, tú, en la madurez, apilas con pavor, con
prisa,
montones de periódicos sin leer, de facturas rotas en
pedazos,
correos urgentes, contratos incumplidos,
y no comprendes de dónde viene el olor dulzón a
excrementos
y el frío cósmico del corazón y la rabia desatada,
el temor a un mar turbio que se acerque, suba,
te cubra los tobillos, las rodillas, los muslos,
un dique de hormigón a punto de ceder
en mitad del cuarto, en medio de la fisura interior.

Y en verdad hubiera sido tan sereno, tan fácil, escuchar
el gemido arcaico, eterno,
ayudarlo a crecer dentro de ti,
la alegría pura, gorgojeante,
la alegría sin fin,
ayudarla a brotar, convertirla en un pequeño ser
humano, a través del amor,
luego en un adolescente luminoso, de enormes ojos
azules,
alguien que te rompiera los huesos del pecho
exaltado, liberándote en cuanto naciera…

LA PLECAREA UNUI PRIETEN

Lui Simon Nucham

Te-ai extras prea grăbit din jocul video al planetei.
Veșnic nemulțumit de tunica de păr care-ți învelea inima
cupa minusculă în care părinții tăi ascunseseră prea mult
plîns, prea multă memorie și
cuvintele unei limbi pure, uitate o teroare de două milenii.
Tu, cu fața tumefiată de o mască pe care nu știai s-o mai scoți,
unora ea le părea de aur, numai ție îți mirosea a umilință irevocabilă.
Vroiai s-o îneci în vinul mahalalelor orientale și în sexul plin de milă
al prostituatelor venite din rampele de gunoi ale țărilor estice.
Plîngeai ușor, amintindu-ți de visul neîmplinit al tatălui tău
care nu avusese curaj să-și urmeze iubirea, împotriva legii și tribului.
De aceea ai ales o femeie străină să-ți silabisească inconștientul

CUANDO UN AMIGO SE VA

A Simon Nucham

Saliste demasiado deprisa del videojuego del planeta.
Siempre insatisfecho con la túnica de pelo que envolvía
tu corazón,
la minúscula copa en la que tus padres habían
escondido demasiado
llanto, demasiada memoria y
las palabras de una lengua pura, olvidada, un terror
de dos milenios.
Tú, con la cara tumefacta por una máscara que ya no
sabías cómo quitarte;
algunos pensaban que era de oro, solo a ti te parecía
una humillación irrevocable.
Querías anegarla en el vino de los arrabales de oriente
y en el sexo lleno de piedad
de las prostitutas llegadas desde los vertederos
de los países del Este.
Llorabas suavemente, recordabas el sueño sin cumplir de
tu padre,
que no había tenido la valentía de seguir a su amor
contra la ley y la tribu.
Por eso escogiste a una mujer extranjera, para que te
deletrease el inconsciente

din adolescență și pînă în ultima zi, dăruită prafului
mării.
Femeia aceea a crescut pînă la cer, umbra ei ți-a udat cele
cîteva semințe
rămase vii   în noroiul decăderilor zilnice.
După ea te-ai dus, odată, pînă în emisfera opusă și ai
iubit-o cu sete
și ți-ai răzbunat tatăl pentru neputința îndelungă a
neamului său.
Apoi te-ai întors, scîncind, la voma supunerii cotidiene
și ți-ai pregătit minuțios dispariția, așteptînd doar
să plece, înaintea ta, mama.
Cînd inima ei a explodat ca o flacără verde într-o cameră
fără ieșire,
ea, care te învățase să crezi, tu, care nu credeai în
nimic, ai fost gata.
Femeia străină te aștepta demult la capătul lumii, prelungă,
după ce distrusese toate indiciile, semnele, urmele.
Nu mai era altă cale pînă la ea – ai ales atunci calea
curcubeului:
țîșnind liber, multicolor,   chiar din aortă.

desde la adolescencia y hasta el último día regalado
al polvo del mar.
Aquella mujer creció hasta el cielo, su sombra regó tus
pocas semillas
aún vivas   en el fango de la decadencia cotidiana.
La seguiste, hace tiempo, hasta el otro hemisferio y la
amaste furiosamente
y vengaste a tu padre por la duradera frustración de
su estirpe.
Luego volviste, llorando, al vómito de la obediencia
diaria
y preparaste minuciosamente tu desaparición, esperando
solo
que tu madre partiera antes que tú.
Cuando su corazón estalló como una llama verde en un
cuarto sin salida
—ella, que te había enseñado a creer a ti, que no
creías en nada—, estabas listo.
La mujer extranjera te aguardaba desde hacía tiempo al
final del mundo, alargada,
después de haber borrado todos los indicios, las
señales, las huellas.
Ya no había otro camino hasta ella; escogiste entonces el
camino del arcoíris:
brotando libre, multicolor,   justo desde la aorta.

LA ANIVERSARĂ

Pentru prietenii deja plecați dincolo

Nu știm cum, nici de ce începe să se insereze ușor
lumina a devenit oblică și mai răcoroasă
un abur vioriu se ridică încet din oameni, frunzișuri și lucruri

Haosul și zgomotul lumii par să se îndepărteze puțin
zbaterea noastră s-a oprit pentru o clipă – o durere în inimă, o panică
ne încetinește mișcările, ne suspendă avalanșa de gînduri

Stăm singuri pe o bancă în parc, sau acasă la o masă cu oaspeți
căutăm un sens în cuvinte și gesturi, dar totul se repetă straniu, mecanic
nu mai înțelegem nimic – nu mai e nimic de înțeles

EN LOS ANIVERSARIOS

Para los amigos que ya han partido

Sin saber cómo ni por qué, empieza a anochecer
ligeramente,
la luz es ya oblicua y más fresca,
un vaho violeta se alza lentamente desde las personas, las
cosas, la hojarasca.

El caos y el ruido del mundo parecen atenuarse,
nuestra agitación se detiene un momento; un dolor
en el corazón, un miedo
vuelven más lentos nuestros gestos, suspenden la
avalancha de nuestros pensamientos.

Nos sentamos solos en un banco en el parque, o en casa,
en la mesa con invitados,
buscamos un sentido en las palabras y en los
movimientos, pero todo se repite de un modo
extraño, mecánico,
y ya no comprendemos nada; ya no hay nada que
comprender.

Ne refugiem în obișnuințe, ele sunt mai trainice decît noi
lăsăm spiritul vieții să ne părăsească lent, discret
să se întoarcă în norul vital care înconjoară Pămîntul

Mai rămînem o clipă în parc, pe o bancă
privim lumea cu detașare, admirăm fără dorințe
frumusețea ei calmă, vastă și orbitoare

Poate că e tot ce trebuie să realizăm în viața aceasta
suntem Conștiință pură, universală
și nu ne mai e frică de moarte...

Nos refugiamos en las costumbres, duran más que nosotros;
dejamos que el espíritu de la vida nos abandone
lenta, discretamente,
y regrese en la nube vital que envuelve la Tierra.

Nos quedamos un momento más en el parque, en un banco,
miramos el mundo serenos, admiramos sin deseo
su belleza tranquila, vasta, cegadora.

A lo mejor eso es todo lo que debemos comprender en esta vida,
somos Conciencia pura, universal,
ya no tememos la muerte.

CLIPA FINALĂ

Privind roșietic albastru crepusculul, ea întrebă: oare cum
voi muri?
Pe măsură, i se răspunse. Ce preferi: funia, otrava,
pistolul?
Bucuria, bineînțeles.

Privind desăvîrșirea apusului: clipa vastă, seara fără sfîrșit
care începea atît de umil, ea întrebă:
Frumusețea chiar va salva acest mare declin, acest apus fără
margini?
Atunci vom fi vindecați de dorință?
Cioburile vasului alb pe care l-am spart mai demult se vor
aduna
și se vor uni din nou împreună? Nu se va cunoaște
ruptura?
Ce o va șterge?
Bucuria, bineînțeles. Pe măsură.

Ea e una cu lumina, cu moartea, inflorescența aceea albă,
bizară
izbucnită pe cer, care crește, crește, încet se desface ca o
uriașă roză finală.
Ea ne va umple și ne va sătura. Cu lumină. Bineînțeles.

EL INSTANTE FINAL

Mirando el crepúsculo azul rojizo, ella preguntó: ¿Cómo
moriré?
A tu gusto, le respondieron. ¿Qué prefieres: la soga,
el veneno, la pistola?
La alegría, por supuesto.

Mirando la perfección del atardecer: el instante vasto, la
tarde interminable
que empezaba tan humildemente, ella preguntó:
¿La belleza salvará de verdad este ocaso, este atardecer sin
límites?
¿Estaremos por fin libres de deseo?
¿Los añicos del vaso blanco que hace tiempo rompí se
juntarán,
se pegarán de nuevo? ¿No se notará la ruptura?
¿Qué la borrará?
La alegría, por supuesto. A mi gusto.

Ella, inseparable de la luz, de la muerte, aquella floración
blanca, extraña,
surgida en el cielo, que crece, va creciendo, se abre
despacio como una inmensa rosa final.
Ella nos llenará, nos saciará. Con su luz. Por supuesto.

Crepuscul perfect. Aurorală seară. I se răspunse:
Incearcă. Indrăznește. Iată, o fi sosit clipa.

Bucuria, bineînțeles.

Crepúsculo perfecto. Noche auroral. Le respondieron:
Inténtalo. Atrévete. Mira, ya llegó el momento.

La alegría, por supuesto.

III

III

LAMENTO PENTRU MAMĂ

Emiliei C.

I

Nu, asta nu ți se poate întâmpla tocmai ție
femeie dulce amară   zeiță teribilă
tu nu vei trece prin tunelul de pâslă întunecată
nu vei fi aspirată de Cercul de Foc uriaș de pe zare
tu vei fi iertată, tu nu vei putrezi

Dulapurile-s pline de haine, sertarele gem de gablonzuri
cutiile de medicamente golite, lenjeria uzată
rămân stupefiate, în așteptare

Mobila, ustensilele de bucătărie, rujul, rimelul
stau suspendate într-o clipă lungă, blocată
vibrează tăcut, încearcă să te convoace

Ale cui vor rămâne râsul și cochetăriile mărunte,
rochiile înflorate și copiii din fotografiile sepia?

LAMENTO PARA MI MADRE

A Emilia C.

I

No, eso no puede pasarte a ti,
mujer dulce, amarga diosa terrible,
tú no pasarás por el oscuro túnel de fieltro,
no serás tragada por el inmenso Círculo de Fuego
del cielo,
tú serás perdonada, no te pudrirás.

Los armarios llenos de ropa, los cajones con bisutería,
las cajas de medicinas vacías, la lencería antigua,
todos estupefactos, esperando.

Los muebles, los utensilios de cocina, el pintalabios, el
rímel
se quedan suspendidos en un instante largo, detenido,
vibran en silencio, intentan convocarte.

¿De quién serán la risa y los pequeños gestos coquetos,
los vestidos de flores y los niños de las fotografías en
sepia?

O unduire transparentă trece prin oglindă și geamuri
răscolește praful ușor, ridică în aer o pană

Apoi un vid răcoros umple spațiul
un sorb în mijlocul casei comunică nemilos cu abisul

Nu, asta nu mi se poate întâmpla tocmai mie
să pleci dintr-odată, zeiță a lumii mele, amară și dulce
să te zăresc crucificată pe Cercul de Foc uriaș de pe zare
să mă lași singură înaintea tunelului rece, întunecat.

Una ondulación transparente atraviesa el espejo y las ventanas,
mueve despacio el polvo, levanta en el aire una pluma.

Luego un hueco frío llena el espacio,
un remolino en medio de la casa lleva sin piedad al abismo.

No, eso no puede pasarme a mí,
que partas de golpe, diosa de mi mundo, amarga y dulce,
verte crucificada en el inmenso Círculo de Fuego del cielo,
que me dejes sola delante del túnel frío y oscuro.

II

Nu ți-am pus toate întrebările
acele chisturi dureroase în memoria ta împietrită
îmbâcsită de prea mult trăit, prea multă experiență

Nu mi-ai povestit toate iubirile tale
tu, prea pudică pentru foamea mea de intimitate
prea misterioasă pentru dorința mea nesățioasă
de a fi asemenea ție

Nu mi-ai povestit toate urile tale, nefericirile tale,
tu, atât de obișnuită cu suferința încât îți făcuseși
din ea un fel de noblețe opacă

Și atât de puțin mi-ai arătat din grădina paradisiacă în care
odată demult ai intrat și n-ai mai fi vrut să te-ntorci.
Mi-ai ascuns până și extazele tale.

Nu m-ai lăsat să-ți văd decât coaja de zee, frumusețea exterioară,
și apoi ridurile, petele de pe mâini, decăderea.
Ah, tu nu erai eternă. Tu nu erai infinită.
Ah, zeiță, cât de puțin te-am știut.

II

No te hice todas las preguntas,
esos quistes dolorosos en tu petrificada memoria
llena de demasiada vida, demasiada experiencia.

No me contaste todos tus amores,
tú, demasiado pudorosa para mi hambre de intimidad,
demasiado misteriosa para mi deseo insaciable
de parecerme a ti.

No me contaste todos tus odios, tus frustraciones,
tú, tan acostumbrada al sufrimiento que lo
transformaste
en una especie de nobleza opaca.

Y qué poco me mostraste del jardín paradisíaco donde
hace tiempo entraste y del que no hubieras querido
volver.
Me ocultaste hasta tu éxtasis.

Solo me dejaste ver tu corteza de diosa, tu belleza exterior,
y luego las arrugas, las manchas en las manos, la
decadencia.
Ay, no eras eterna, no eras infinita.
Ay, diosa, ¡qué poco te conocí!

III

Ți-ai ascuns sacrificiul tăcut pentru toți
cu demnitatea unei sclave regale
dintr-o tragedie antică   jucată iar și iar de milenii
Ne-ai înlănțuit pe toți în mica ta împărăție
de apartament, între dormitor și bucătărie
unde ne-ai spălat, ne-ai hrănit, ne-ai culcat
cu înverșunarea unui războinic fanatic
în marea bătălie a creșterii și educației
Umplându-ne instinctul și simțurile și memoria
cu prezența ta imperativă, copleșitoare,
tu, zeiță domestică
oficiind ritualul nemilos al transmiterii vieții
în oceanul degringoladei universale

Până când nu a mai fost timp   pentru nicio întrebare.

III

Escondiste tu sacrificio a todos
con la dignidad de una esclava real
de una tragedia griega   representada una y
otra vez desde hace milenios.
Nos encadenaste a todos a tu pequeño dominio
entre el dormitorio y la cocina del apartamento
donde nos lavaste, nos diste de comer, nos acostaste
con el empecinamiento de un guerrero fanático
en la gran batalla de la crianza y la educación,
llenándonos el instinto, los sentidos y la memoria
con tu presencia contundente, abrumadora,
tú, diosa doméstica,
oficiando el ritual despiadado de propagar la vida
en el océano del caos universal.

Hasta que no hubo tiempo   para ninguna pregunta.

IV

Te-am văzut la geamul unui vagon de tren ruginit care te ducea la un lagăr de muncă. Dintr-o mulțime de mame îndurerate, întindeai brațele către mine, strigai, plângeai, mă rugai să te scot de acolo. Să te salvez. Era atâta suferință pe fața ta încât am crezut c-o să-mi crape inima de durere. Am țipat. M-am trezit.

O iubire oceanică m-a copleșit. O iubire oceanică. O iubire oceanică.

IV

Te vi en la ventanilla de un vagón de tren oxidado que te llevaba a un campo de trabajo. Entre una multitud de madres doloridas, tendías los brazos hacia mí, gritabas, llorabas, me pedías que te sacara de allí. Que te salvara. Había tanto sufrimiento en tu rostro que creí que se me rompería el corazón de dolor. Grité. Me desperté.

Un amor oceánico me inundó. Un amor oceánico. Un amor oceánico.

V

Să te iert pentru toate asprimile / să mă ierți pentru toate prostiile.
Să te iert pentru neînțelegere / să mă ierți pentru nesăturată iubire.
Să te iert pentru slăbiciuni / să mă ierți pentru toate greșelile.
Să te iert pentru viața ta chinuită, supusă / să mă ierți
pentru revolta mea neîmpăcată.

Să mă iert pentru furie.

V

Que te perdone la severidad / que me perdones las
tonterías.
Que te perdone la incomprensión / que me perdones el
amor insaciable.
Que te perdone las debilidades / que me perdones las
faltas.
Que te perdone tu vida atormentada, sometida / que me
perdones mi rebeldía incansable.

Que me perdone a mí misma por la furia.

VI

Acum vei avea timp pentru tot, pentru toate
dar nu-ți va folosi la nimic

Acum vei putea revedea sutele de fotografii de familie
dar mareea lor colorată nu-ți va încălzi inima

Acum vei putea citi toate cărțile
dar spațiul bibliotecii nu te va mai cuprinde

Acum vei avea timp să bântui liberă internetul
dar niciun program nu te va mai hipnotiza

Acum vei putea călători ca gândul împrejurul planetei
dar nicio dimensiune terestră nu mai înseamnă ceva
pentru tine

Acum vei putea învăța să iubești lumea până la capăt
dar acum doar universul te mai primește

Zeiță dulce amară, acum ești pură enigmă.

VI

Ahora tendrás tiempo para todo,
        pero no te servirá de nada.

Ahora podrás ver de nuevo los cientos de fotos familiares,
        pero su marea de colores no te calentará el corazón.

Ahora podrás leer otra vez todos los libros,
        pero la biblioteca ya no te abarcará.

Ahora tendrás tiempo para vagar libremente por internet,
        pero ningún programa te seguirá absorbiendo.

Ahora podrás viajar a la velocidad del pensamiento
    alrededor del planeta,
        pero ninguna dimensión terrestre te importará.

Ahora podrás aprender a amar el mundo por completo,
        pero ya solo el universo te puede acoger.

Diosa dulce y amarga, ahora eres puro enigma.

VII

După tine, începe și pentru mine apusul, acea
tăietură sângerie pe cer   care pulsează ca o inimă
cosmică
umbra ei înaltă începe să se încline lent peste umbra mea
văd fluturarea ei înalt boreală.

Cândva voi fi din nou aproape de tine, zeiță fatală, teribilă.
Când voi accepta această durere și transformare.
La capătul tunelului de pâslă întunecat.
În strălucirea Cercului de Foc de pe zare.

Vom fi în sfârșit Una
în eterna cascadă a vieții.

VII

Después de ti empieza para mí el ocaso, ese
tajo sangrante en el cielo   que late como un
corazón cósmico,
su alta sombra empieza a inclinarse despacio hacia mi
sombra,
veo su ondulación altamente boreal.

En algún momento volveré a estar cerca de ti, diosa fatal,
terrible.
Cuando acepte este dolor, esta metamorfosis.
Al final del oscuro túnel de fieltro.
En el resplandor del Círculo de Fuego del cielo.

Seremos por fin Una
en la eterna cascada de la vida.

VIII

Poate moartea nu e decât
un fel de dragoste   mult prea intensă
o îmbrățișare cosmică   a eurilor noastre mărunte
brusc eliberate de margini
forma trupurilor noastre golite   iarăși căzând
într-o memorie uitată   a formelor
materia lor absorbindu-se frenetic   în punct

numai umbra noastră   plutind liberă   sus în cerul fără
de limită

și patul e gol   așternuturile imaculate
și acolo sus   în eter   începe
marea cea mare   fără sfârșit   marea nețărmurită
albastrurile ei sunt orbitoare
apele ei sunt   înalt verticale
și nimic nu ne mai poate opri

trupul   care nu a existat deplin   niciodată
iată   există   există   e
această   prezență intensă   mai
trălucitoare   ca fulgerul
mai dezmărginită ca   moartea.

VIII

A lo mejor la muerte no es más
        que un tipo de amor   demasiado intenso,
un abrazo cósmico   de nuestros egos pequeños
        bruscamente liberados de sus bordes,
nuestros cuerpos vaciados de forma   cayendo de nuevo
        en una memoria olvidada   de formas,
su materia absorbiéndose con frenesí   en un punto,

solo nuestra sombra   flotando libre   en el cielo sin
    límites

y la cama está vacía,   las sábanas impolutas
        y allí arriba   en el éter   comienza
el gran mar   eterno,   el mar infinito,
sus azules ciegan,
        sus aguas son   altamente verticales
                y nada ya nos puede detener,

el cuerpo   que no existió por completo   jamás
                mira,   existe,   existe,   es
esta   presencia intensa,   más
        brillante   que el rayo,
                más ilimitada   que la muerte.

IV

IV

POEMUL ÎNALT

Lui Ion Bogdan Lefter

Nu, vremea poemului înalt, amețitor, n-a trecut.
Abia sună de dimineață, se aud claxoane și strigăte
în paturi noi abia ne trezim dintr-o obscură hipnoză
și deschizînd larg ferestrele recunoaștem încet
ceea ce n-a dispărut niciodată: sub roua prăfoasă
iar încep să ne crească părul, unghiile și noi organe de
simțuri
căci noi sîntem cadavre stupefiate de prunci

Si din furia de motoare, sirene și pneuri a străzii
prin zgomotul aiuritor al limbilor negre, galbene, albe,
din vibrația dementă a concasoarelor și computerelor
auzim încetișor un singur sunet umil, o unică notă
subțire, tremurătoare cum se înalță încet
iese din canale și rigole, din subsoluri de blocuri,
trece printre semafoare, mașini, prin vitrine, piețe,
scuaruri,

EL POEMA ELEVADO

A Ion Bogdan Lefter

No, el tiempo del poema elevado, embriagante, no pasó.
Apenas despunta el alba, se oyen los cláxones, los gritos,
en camas nuevas apenas nos despertamos de una oscura hipnosis
y abriendo por completo las ventanas
reconocemos despacio
lo que nunca se fue: bajo el rocío polvoriento
empiezan a crecernos de nuevo el pelo, las uñas y nuevos órganos para sentir,
porque somos estupefactos cadáveres de niños.

Y entre el furor callejero de motores, sirenas y neumáticos,
entre el ruido que nos aturde de las lenguas negras, amarillas, blancas,
entre la demente vibración de las trituradoras y los ordenadores,
oímos un solo sonido humilde, una única nota
tenue, temblorosa, que se alza despacio
desde canales y cunetas, desde sótanos de edificios,
y cruza semáforos, coches, escaparates, plazas, parques,

sare din etaj în etaj, din balcon în balcon se înalță
pînă peste acoperișuri și antene de satelit pînă la stele.

Da, a noastră e muzica asta sălbatecă, vastă:
băutorii de bere-n cutii, mîncătorii de imagini TV,
funcționarii, drogații, cerșetorii și geniile
sînt ai noștri, ei toți cîntă în cor.
Ale noastre sînt betonierele, abatoarele și grămezile de
gunoi,
gările, aeroporturile și sateliții intercontinentali,
ele sînt instrumentele noastre de suflat, de corzi și
percuție,
împreună interpretăm aceeași bucată simfonică
pentru urechi siderale,
fiecare cum poate, cu creierul, cu picioarele,
unii în păduri, alții în vizuina de bloc, alții în stații lunare.

Sîntem un miceliu vast, cîntător.
Acoperim pămîntul cu sputa noastră corozivă, fantastă
cu cultura noastră de circuite integrate și biți;
asemenea penicilinei pe o lamă de sticlă într-un
laborator
ne înmulțim frenetic sub ochiul scrutător al neantului;
adiem la unison în vîntul frecvențelor radio

salta de planta en planta, de balcón en balcón se eleva
hasta los tejados y antenas y llega a las estrellas.

Sí, es nuestra esta música salvaje y vasta:
los bebedores de cerveza en lata, los que tragan imágenes
de televisión,
los funcionarios, los drogadictos, los mendigos y los
genios
son nuestros, todos cantan en coro.
Son nuestros los mataderos, las hormigueras, los
montones de basura,
las estaciones, los aeropuertos, los satélites
intercontinentales,
nuestros los instrumentos de viento, cuerda, percusión,
juntos interpretamos el mismo fragmento de una sinfonía
para oídos siderales,
cada uno como puede, con el cerebro, con las piernas,
algunos en los bosques, otros en las guaridas de los
bloques, otros en estaciones lunares.

Somos un micelio vasto, cantarín.
Cubrimos la tierra con nuestra saliva mordaz,
extravagante,
con nuestra cultura de circuitos integrados y bits;
como la penicilina en una placa de cristal en el
laboratorio,
nos reproducimos frenéticamente bajo el ojo atento de la
nada,
nos deslizamos al unísono con el viento de las frecuencias
de radio,

ne agităm armonios sub ploaia programelor de
televiziune;
am învățat canoane și voci, știm să citim ziare și
partituri
și fiecare în felul său își tîrîie expresiv existența.
Sîntem muzicali, chiar dacă nu vrem, chiar dacă nu ne
dăm seama.
Simfonia noastră dodecafonică se aude pînă la ceruri,
pînă la stele,
și încîntă auzul heruvimilor și meteoriților.

Abia acum începem să ne trezim.
Să ne dăm seama că împotriva voinței noastre
deși mulți sîntem afoni, noi totuși cîntăm –
asemenea greierilor, broaștelor și turturelelor,
precum ploaia, vîntul și foșnetul frunzelor,
asemenea cutremurelor de pămînt și undelor cosmice,
noi toți cîntăm într-un singur cor, un cor vast,
un cor miliardar, care habar n-are ce cîntă –
o simfonie gigantică scrisă de cine și pentru cine
și în ce cheie muzicală și în ce fel de armonie sonoră
și în vederea a ce?

Nu, vreme poemului înalt, amețitor n-a trecut.
Vremea lui abia vine.

O simfonie scrisă de un începător.

nos agitamos en armonía bajo la lluvia de los programas
televisivos,
aprendemos cánones y voces, sabemos leer periódicos y
partituras
y cada uno a su manera arrastra expresivamente su
existencia.
Somos musicales, aunque no lo queramos, aunque no lo
sepamos.
Nuestra sinfonía dodecafónica se oye hasta el cielo, hasta
las estrellas,
y encanta el oído de los ángeles y los meteoritos.

Y ahora empezamos a despertarnos.
A darnos cuenta de que aún contra nuestra voluntad
y aunque muchos nos quedamos afónicos, sin embargo
cantamos:
como los grillos, las ranas y las tórtolas,
como la lluvia, el viento y el rumor de las hojas,
como los temblores de la tierra y las ondas cósmicas,
todos cantamos en un solo coro, un coro vasto,
un coro gigantesco que no tiene ni idea de lo que canta,
¿una inmensa sinfonía escrita por quién para quién
y en qué clave musical y en qué tipo de armonía sonora
y con qué propósito?

No, el tiempo del poema elevado, embriagante,
no pasó.
Ahora está llegando.

Una sinfonía escrita por un principiante.

TOTUL

Totul îl fură pe om sie însuși
îl folosește ca să simtă, ca să trăiască
și-l redă apoi golit și însutit, înmiit
ca o oglindă spartă mărunt
înapoi în natură

Totul îl fură pe om din el însuși:
luna plină, picăturile de ploaie, lacurile clare din munți,
cerul auroral, cerurile teologale,
oglinzi în care te poți pierde, te poți dizolva,
spectrele muzicale de radiații   ori corolele demente de flori,
milioanele de specii cîntătoare, cățărătoare și zburătoare,
fiecare cu inteligența lor măruntă, vicleană,
vrînd să-și vadă desenul de pe aripi, culorile penelor,
însetînd să-și înțeleagă literele și cifrele de pe blănuri,
frumusețea enigmatică a panașelor, copitelor, trompelor

TODO

Todo despoja al hombre de sí mismo,
lo utiliza para sentir, para vivir
y después lo vacía, lo multiplica por cien, por mil,
como un espejo roto en infinitos pedazos,
de regreso a la naturaleza.

Todo despoja al hombre de sí mismo:
    la luna llena, las gotas de lluvia, los lagos
        transparentes de montaña,
el cielo auroral, los cielos teologales,
    espejos en los que puedes perderte, disolverte,
los radiantes espectros musicales   o las corolas
  dementes de las flores,
    los millones de especies cantarinas, trepadoras,
        voladoras,
cada una con su inteligencia pequeña, astuta,
    queriendo ver el dibujo de sus alas, los colores de sus
        plumas,
sedientas por comprender las letras y las cifras de su piel,
    la enigmática belleza de sus penachos, sus pezuñas y
        sus trompas.

Dar exaltarea curioasă a curcubeelor după ploaie
ori grația circulației apei între cer și pămînt,
dar gloria umilă a clorofilei   dar cea tenace a globulelor
sîngelui?
ceea ce se vede și ce nu se vede
ceea ce subzistă și ceea ce numai cîteodată apare
ceea ce poate fi încă creat sau imaginat

Totul, totul îl fură pe om de la sine,
îl scoate din placenta lui mentală abstrasă,
din coconul său prețios și narcisiac
îl trage de simțuri afară
îl folosește ca pe un ochi sidefiu cu peduncul
ca pe un deget infinit delicat,   o papilă gustativă
nesfîrșit răbdătoare,
îl desfășoară,
îl rupe în bucăți, îl împrăștie,
ca să se vadă, să se pipăie, să se simtă,
ca să iubeascăși să urască,
ca să fie bărbat, să fie femeie, să se copilărească,
ca să se oglindească în sinea-i și să se salveze în gînd.

Totul îl folosește pe om,
îl dizolvă ca pe un ser rar, prețios,   în țesuturi, frunzișuri
și roci,
îl injectează în structuri și regnuri și forme de agregare,
un ser tare, lisergic, care ucide și învie,

¿Y la exaltación curiosa del arcoíris después de la lluvia
o la gracia del recorrido del agua entre el cielo y la tierra
y la humilde gloria de la clorofila   y la gloria tenaz de los glóbulos sanguíneos?
Lo que se ve y lo que no se ve,
lo que subsiste y lo que solo a veces brota,
lo que todavía puede ser creado o imaginado.

Todo, todo despoja al hombre de sí mismo:
lo arranca de su abstraída placenta mental,
de su capullo hermoso, narcisista,
tira de sus sentidos hacia fuera,
lo utiliza como un ojo nacarado con pedúnculo
como un infinito dedo delicado,   una papila gustativa cargada de paciencia,
lo extiende,
lo parte en pedazos, lo dispersa,
para que pueda verse, tocarse, sentirse,
para que ame y odie,
para que sea hombre, mujer, vuelva a la infancia,
se mire en su interior y se salve en su pensamiento.

Todo despoja al hombre, lo utiliza,
lo disuelve como un ser extraño, preciado,   en tejidos, follajes y rocas,
lo inyecta en estructuras y categorías y formas de agregación,
un ser fuerte, lisérgico, que mata y resucita,

arde și dezvelește și lasă universul transparent ca o lupă,
ca o vastă celulă ovală secționată sub microscop,
permeabilă brusc la teroare și transcendență
la adorație și neant –
un drog care face materia să renască.

Omul, cu imaginea lui înainte, o fantomă fumegătoare,
o hologramă patetică
proiectată peste constelații entropice și roiuri verzi de lăcuste
peste puținul pămînt ptolemeic și vastul balast
noneuclidian
îmbrățișîndu-și visător circumferința –
o sferă luminoasăși vagă, încă îndepărtată,
în care s-ar putea vedea, ca-n acvariu,
universul tot, lumea toată

Totul îl fură pe om, îl soarbe, îl mestecă și-l înghite
în metabolisme și circulații, în metastaze și
metamorfoze,
îl proiectează în sine, se droghează cu el, se îmbată,
visează că e făt, apoi prunc și copil, apoi tînăr și
vîrstnic
astfel moare și învie
și se salvează în Gînd.

arde y desvela y deja el universo transparente como una
lupa,
como una vasta célula oval seccionada bajo el
microscopio,
bruscamente permeable al terror y a la
trascendencia,
a la adoración y a la nada:
una droga que hace renacer la materia.

El hombre enfrentado a su imagen, un fantasma
humeante,
un holograma patético
proyectado sobre constelaciones entrópicas y enjambres
verdes de langostas
en la pequeña tierra ptolomaica y el vasto enjunque
no euclídeo,
abrazando en sueños su propia circunferencia:
una esfera luminosa y vaga, todavía lejana,
en la que puede verse, como en un acuario,
todo el universo, el mundo entero.

Todo despoja al hombre, lo sorbe, lo mastica y lo engulle
en metabolismos y circulaciones, en metástasis y
transformaciones,
lo proyecta en sí mismo, se droga con él, se embriaga,
sueña que es un feto, luego un bebé y un niño, un
joven y un viejo,
y así muere y revive
y se salva en el Pensamiento.

Si la urmă, după salturi de nivele și lumi,
după pierderi de sine și lucidități siderale,
în extazele galaxiilor, în colcăiala euforică a particulelor
satisfăcute,
a fotonilor multumiți de jocul întrupărilor și
dezintegrărilor,
sătui de miraje și existențe, de suferință, ură și dragoste,
îl redau înapoi în natură.

Obosit, golit ca după un vis prea intens, un coșmar grandios
în care îndura un lung voiaj cosmic,
în care era și big-bangul și moartea,
omul e lăsat din nou cu el însuși.

Singur cu sine, închis iar în coconul lui strîmt de nevoi și
senzații,
în felia de carne ce-l desparte și-l apără de nimic și de
tot,
obosit de oroarea unei revelații continue
care asemeni luminii curge înăuntrul lui și în afară
și-i obnubilează sferele gînditoare,
Omul rătăcește iarăși, ca la început, printre ierburi
încinse
și insecte de vară,
printre păsăret cîntător și animale sălbatice,
traversînd cu pași rari   codrul des de simboluri

ce încetează să mai fie mister
pentru a fi pură identitate.

Y al final, después de saltos de niveles y mundos,
después de perderse a sí mismo y de una lucidez sideral,
en el éxtasis de las galaxias, en el bullicio eufórico de las partículas satisfechas,
de los fotones contentos con el juego de las encarnaciones y desintegraciones,
saturado de espejismos y de vidas, de sufrimiento, odio y amor,
todo devuelve al hombre a la naturaleza.

Cansado, vacío como después de un sueño demasiado intenso, una pesadilla grandiosa
en la que soportaba un largo viaje cósmico,
en la que él era a la vez el Big Bang y la muerte,
el hombre se queda otra vez consigo mismo.

Solo, encerrado de nuevo en su estrecho capullo de necesidades y sensaciones,
en la franja de carne que lo separa y lo protege de la nada y del todo,
cansado del horror de una continua revelación
que como la luz fluye dentro y fuera de sí
y obnubila sus esferas pensantes,
el hombre vaga de nuevo, como al principio, entre hierbas en llamas
e insectos de verano,
entre pájaros cantores y animales salvajes,
atravesando con pasos lentos el espeso bosque de símbolos

que ya no es misterio
sino pura identidad.

ÎNTR-O ZI SE VA PRODUCE UN SALT

De ce
trebuia să trec de zeci de ori ca oarbă pe stradă
pe lîngă bărbatul acela necunoscut ca într-un tîrziu
să-mi dau seama că formam împreună o sferă
perfectă?

Să văd ani și ani lungi aurora, amiaza, crepusculul,
norii trandafirii și cei vineți, ca să observ
că ei șoptesc necontenit ceva capital, dar ce oare?
Să miros de atîtea ori un trandafir
roșu întunecat, primăvara, ca să pot o unică dată
să cad în imensitatea lui aromată?

Să văd o dată o fetiță brunetă în parc
asemenea mie cîndva mîncînd liniștită o înghețată
ca să înțeleg brusc că magnificata copilărie
e doar un chin lung, o lungă vicisitudine
prin care învățăm să tranformăm eternitatea în timp?

UN DÍA SE PRODUCIRÁ UN SALTO

¿Por qué
tuve que pasar tantas veces   como una ciega
al lado
de aquel hombre desconocido   para darme cuenta
al final   de que juntos formamos   una esfera
perfecta?

¿Ver durante años y años   el alba, el mediodía, el
crepúsculo,
las nubes rosáceas y violetas,   para comprobar
que susurran sin cesar algo determinante? ¿Pero qué?
¿Oler tantas veces una rosa roja
oscura, en primavera,   para poder caer
una sola vez en su fragante inmensidad?

¿Ver a una niña morena   en el parque
tan parecida a mí hace tiempo   comiendo tranquila un
helado
para comprender bruscamente   que la magnificada
infancia
es solo un largo sufrimiento,   una larga
vicisitud
que nos enseña a transformar la eternidad en tiempo?

De ce, de ce să suportăm atîta multiplicare
devorînd miriade de sterile secunde,
atîta oarbă materie repetată într-o monotonă comèdie
ca să întrezărim confuz strălucirea unei
unice Clipe?

Închiși cu forța într-o chermeză continuă
obligați să petrecem, îmbuibați cu carne, înecați cu
vin,
îmbătați cu spectacole, amețiți cu civilizații,
obligați să privim în față fără scăpare
crima gratuită, frumusețea perfectă
a acestei înscenări obscene-divine în care plutim:
închegați, apoi dizolvați, bacterii străvezii într-o enormă
picătură de apă,
particule care se distrug și există și luminează o clipă
înăuntrul marelui gînd inconștient și obscur
care doarme visîndu-ne ca să se trezească
și pînă atunci
ne chinuie cu trăitul și înmulțitul, cu văzutul și cu simțitul
și ne anihilează în ultima clipă, înaintea trezirii
ca el să poată în sfîrșit să se nască

așa cum frigul purifică fluviile la vreme de iarnă,
înaintea resuscitării,
cînd spărgînd perla dai de nisip.

¿Por qué, por qué soportar tanta multiplicidad
devorando miríadas de estériles segundos,
tanta materia ciega repetida en una monótona comedia
para vislumbrar confusamente el destello
de un único Instante?

Encerrados a la fuerza en una continua verbena,
obligados a festejar, henchidos de carne, anegados
en vino,
embriagados de espectáculos y civilizaciones,
obligados a mirar de frente
el crimen gratuito, la belleza perfecta
de este montaje obscéno-divino en el que flotamos:
solidificados, luego disueltos, bacterias traslúcidas en una
enorme gota de agua,
partículas que se destruyen y existen y refulgen
durante un instante
dentro del gran pensamiento inconsciente y oscuro
que duerme soñándonos para despertarnos
y hasta entonces
nos atormenta con la vida y la reproducción, con la vista
y el tacto
y nos aniquila en el último momento, antes de
despertar,
para que otro pueda al fin nacer,

como el frío que purifica los ríos en invierno,
antes de la resurrección,
cuando al romper la perla aparece la arena.

UN CREIER APOCALIPTIC

Pînă cînd
nu voi vedea, cu ce ochi? cu ce vedere?
închegarea din gelatine și săruri a puiului de vrabie în
oul pestriț
cum se dezintegrează frenetic celulele eliberate
în cadavrul tînărului sinucigaș sub stratul de viorele
ori creșterea și descreșterea manometrică a sfințeniei în
fecioară
acuplarea polilor cerești și tereștri din mireasă și mire
iubirea lor metamorfozîndu-se teribil în făt

Pînă cînd
nu voi auzi, cu ce auz? cu ce ascultare?
vaierul și imnele celulelor trupului meu murind și
înviind
construindu-mă avid bucuroase de
proliferare refuzînd
procreația speriate de resurecție
în armonia dodecafonică a civilizației mele în transformare
începînd în sfîrșit să perceapă încet vuietul
alarmei finale

UN CEREBRO APOCALÍPTICO

Hasta que
no vea, ¿con qué ojos, con qué vista?,
cómo cuaja el polluelo de gorrión en el huevo con manchas pardas,
cómo se desintegran frenéticamente las células
en el cadáver del joven suicida bajo las violetas
o el ascenso y descenso manométrico de la santidad en la virgen,
el acoplamiento de los polos celestes y terrenales entre los esposos,
su amor transformándose de manera formidable en el feto.

Hasta que
no oiga, ¿con qué oído, con qué escucha?,
los lamentos y los himnos de las células de mi cuerpo muriendo y resucitando,
construyéndome ávidamente, contentas de la proliferación, rechazando
la procreación, asustadas por la resurección,
en la armonía dodecafónica de mi civilización que se transforma
comenzando por fin a percebir despacio el bramido de la alarma final,

muzica unei înalte explozii apropiindu-se
acordul grav al octavei aurii cu care se va încheia
universul

Dar mai sînt obiecte care nu se lasă văzute, culori pe care
încă nu le percepem,
nu le putem suporta, făpturi care ni se sustrag, stări pe care
nu le putem îndura;
sînt sunete pe care încă nu vrem să le auzim, sînt mirosuri
care încă nu ne îmbată,
sînt forme, locuri, lumi în care nu am trăit, regnuri în care
nu am navigat,
stări plasmatice ori planetare în care nu ne-am dizolvat.
Mai e atîta materie singură, univers singuratic înstrăinat de
sine însuși,
neiubit, ignorîndu-se.

Pînă atunci
cum să-mi accept auzul și ochii
cum să-mi suport creierul îngust prins în
închisoarea de os
și să admit lumea aceasta păgînă?
Ce fel de ochi, ce alte simțuri ar putea să suporte
descompunerea pruncului în omul matur
degradarea căii lactee într-o oarecare metropolă
transformarea intestinului gros al zeiței în acest univers?

la música de una alta explosión que se aproxima,
el acorde grave de la octava dorada con la que
acabará el universo.

Pero hay objetos que no se dejan ver, colores que aún no
percibimos,
que no podemos soportar, criaturas que se nos escapan,
estados que no podemos resistir;
hay sonidos que no queremos oír, olores que aún no nos
embriagan,
hay formas, lugares, mundos en los que no hemos vivido,
mares en los que no hemos navegado,
fases plasmáticas o planetarias en las que no nos hemos
disuelto.
Hay todavía tanta materia sola, universo solitario ajeno a
sí mismo,
no amado, que se ignora.

Hasta entonces,
¿cómo aceptar mi oído y mis ojos,
cómo soportar mi cerebro estrecho atrapado en
una cárcel de huesos
y admitir este mundo pagano?
¿Qué clase de vista, qué otros sentidos podrían soportar
la disolución del niño en el adulto,
la degradación de la Vía Láctea en una ciudad
cualquiera,
la metamorfosis del intestino grueso de la diosa en este
universo?

Ce gînd apocaliptic ar trebui să hrănesc
ca să iubească quintesența excrementală a lumii
noastre feerice
ce imaginație uriașă să dezvolt ca să accepte
această splendidă porcărie dumnezeiască?

în care nu pot iubi decît violînd
nu pot cunoaște decît devorînd
nu pot înțelege decît posedînd, fiind una?

Lume, univers,
floare albă de prun, carne moale de miel,
ca să te cunosc, te mănînc!

¿Qué pensamiento apocalíptico debería alimentar
para amar la quintaesencia excremental de nuestro
mundo feérico,
qué imaginación gigantesca debería desarrollar
para aceptar
esta espléndida porquería divina

en la que solo puedo amar forzando,
solo puedo conocer devorando,
solo puedo comprender poseyendo, fagocitando?

¡Mundo, universo,
blanca flor de ciruelo, suave carne de cordero,
para conocerte, te estoy comiendo!

GLOSSĂ

Orice carne, chiar și cea vastă, înțelenită a lumii,
iradiază din sine însăși afară:
Nimic nu e definitiv mărginit. Aureolele noastre
se întrepătrund și vibrează albastru neauzit:
Nimic nu e niciodată sfîrșit, nimic nu se încheie fără urmare:
Undele rîului se amestecă primitor
cu undele mele îndrăgostite și se revarsă în mare:
Nimeni nu moare total, nimeni nu e desăvîrșit,
totul începe și sfîrșește și începe continuu:

Facerea și apocalipsa se întîmplă în clipă,
clipele sînt toate mici judecăți de apoi:
În mine însămi am și naștere, am și eternitate și moarte,
facerea și apocalipsa se întîmplă continuu în mine:
Fătul care am fost îmbrățișează cadavrul dulce
care voi fi, lumina liberă care voi deveni:
Bucuria începutului sărută bucuria sfîrșitului:
De pe acum salut praful cosmic ce mă va conține,
și acum mai consum din surîsul cosmic, originar:

GLOSA

Cualquier carne, incluso la más vasta y petrificada del
mundo,
irradia hacia fuera de sí misma:
nada se queda para siempre dentro sus márgenes.
Nuestras aureolas
se compenetran y vibran en un azul inaudito;
nada se queda jamás delimitado, nada se cierra sin
continuación:
las ondas del río se mezclan de modo hospitalario
con mis ondas enamoradas y desembocan en el mar;
nada muere por completo, nada está acabado,
todo empieza y termina una y otra vez:

la creación y el apocalipsis suceden en un instante,
los instantes son todos pequeños juicios finales;
en mí misma tengo nacimiento, eternidad y muerte,
la creación y el apocalipsis suceden una y otra vez
dentro de mí:
el feto que fui abraza al dulce cadáver
que seré, la luz libre que llegaré a ser.
La alegría del comienzo besa a la alegría del final:
desde ahora saludo al polvo cósmico que me contendrá
y consumo la sonrisa cósmica, originaria.

Cînd nu mistui cu patimă toate lucrurile dimprejur
atunci ele mă mistuiesc darnic pe mine:
Uneori mă dizolv în vibrația lor luminoasă,
alteori ele se preschimbă în întregime în mine.
Uneori mă transmut în bărbat   și tu te transmuți în femeie:
Sîntem vii și nu sîntem încă total vii,
sîntem deja bătrîni și nu sîntem încă copii.
Uneori uit că sînt om   și sînt brusc   Lumea toată
Deși niciodată pe cît însetez
nu voi fi
nu voi fi
nu voi fi.

Cuando no abraso con furor las cosas,
ellas a mí me abrasan generosas:
a veces me disuelvo en su vibración luminosa
y otras se convierten enteramente en mí.
A veces me transformo en hombre   y tú te transformas
en mujer:
estamos vivos y al mismo tiempo no estamos
todavía vivos,
somos ya viejos y aún no somos niños.
A veces olvido que soy humana   y soy de repente   el
Mundo entero.

Y sin embargo nunca todo lo que ansío
seré
seré
seré.

EU ȘI LUMEA

Tu mă gîndești pe mine   Lume   vast și blînd cu o răbdare geologică o tandrețe universală.
Eu te gîndesc pe tine   Lume   cu spaimă, cu creierul explodînd cu stupoare.
Te privesc în fața ta enormă și luminoasă.   Mă privești în chipul meu mărunt, uluit.
Ce bucurie să te privesc!   Ce fericire că mă vezi în sfîrșit!
Te salut   Lume   sacră închipuire evidență uluitoare!   Te iubesc   Omule   bucurie îndurerată și începătoare! Sărută-mă pînă la contopire   îmbrățișează-mă pînă a neant!   Oglindește-te cu totul în mine!   Lasă-te cosmicizat! Tu ești Eu.   Suntem Una.

Bucurie a creației mici în bucuria creației mari: fătul ce-am fost   ținut într-o palmă vastă umană;   pruncul ce încă sunt   în mîna unui artist uriaș, visător: prunc mărunt modelat   cu blîndețe   de nevăzute energii și brațe de aer;   la rîndul lui modelînd   din oțel, hîrtii și imagini   mici lumi paralele   civilizații de jucărie   în lumina eternă.

EL MUNDO Y YO

Tú me piensas a mí, Mundo, vasta y suavemente,
con una paciencia geológica, una ternura universal.
Yo te pienso a ti, Mundo, con espanto, con el
cerebro estallando de estupor.
Miro tu rostro enorme y luminoso. Miras mi rostro
pequeño, asombrado.
¡Qué alegría mirarte! ¡Qué alegría que por fin me veas!
¡Te saludo, Mundo, sagrado espejismo, asombrosa evidencia! ¡Te amo, Hombre, alegría dolorosa y principiante! ¡Bésame hasta que nos fusionemos, abrázame hasta la nada! ¡Refléjate por completo en mí! ¡Déjate convertir en cosmos! Tú eres Yo. Somos Uno.

La alegría de la pequeña creación en la alegría de la gran
creación:
el feto que fui en una amplia palma humana; la criatura que todavía soy en la mano de un artista enorme, soñador: criatura diminuta modelada con suavidad por energías invisibles y brazos de aire, a su vez modelando con acero e imágenes pequeños mundos paralelos, civilizaciones de juguete en la luz eterna.

Bucuria plutirii viitoare   printr-un întuneric vast, fertil, hrănitor   care e chiar Divinul: gîndul cosmic   sau uterul altei lumi   sau pleoapa închisă   a celui ce mă gestează.

Să fiu întuneric   fără început, fără limite   Să mă întorc la mine, la Tine   În sfîrșit să mă nasc.   Și din mine alte lumi să se nască.

La alegría de la futura inmersión en una oscuridad vasta, fértil, nutricia, que es lo Divino mismo: el pensamiento cósmico o el útero de otro mundo o el párpado cerrado de quien me está gestando.

Ser oscuridad sin comienzo, sin límite. Volver a mí, a Ti. Por fin nacer. Y que otros mundos de mí nazcan.

ÍNDICE

I

II

Esta primera edición de
Vida
se acabó de imprimir
el 4 de enero de 2024
en Madrid.